# 高校英语课堂教学改革研究

徐中锋 著

北京工业大学出版社

**图书在版编目（CIP）数据**

高校英语课堂教学改革研究 / 徐中锋著. — 北京：北京工业大学出版社，2022.1
　ISBN 978-7-5639-8255-4

　Ⅰ．①高… Ⅱ．①徐… Ⅲ．①英语－课堂教学－教学改革－研究－高等学校 Ⅳ．① H319.3

中国版本图书馆 CIP 数据核字（2022）第 026841 号

## 高校英语课堂教学改革研究
GAOXIAO YINGYU KETANG JIAOXUE GAIGE YANJIU

| | |
|---|---|
| 著　　者： | 徐中锋 |
| 责任编辑： | 李倩倩 |
| 封面设计： | 知更壹点 |
| 出版发行： | 北京工业大学出版社 |
| | （北京市朝阳区平乐园 100 号　邮编：100124） |
| | 010-67391722（传真）　　bgdcbs@sina.com |
| 经销单位： | 全国各地新华书店 |
| 承印单位： | 唐山市铭诚印刷有限公司 |
| 开　　本： | 710 毫米 ×1000 毫米　1/16 |
| 印　　张： | 11.25 |
| 字　　数： | 225 千字 |
| 版　　次： | 2023 年 4 月第 1 版 |
| 印　　次： | 2023 年 4 月第 1 次印刷 |
| 标准书号： | ISBN 978-7-5639-8255-4 |
| 定　　价： | 72.00 元 |

版权所有　　翻印必究

（如发现印装质量问题，请寄本社发行部调换 010-67391106）

## 作者简介

徐中锋，男，生于1978年8月，安徽六安人。2008年毕业于东南大学外国语学院，外国语言学及应用语言学硕士，现任南京特殊教育师范学院讲师。多年来一直从事英语专业教育教学工作，历年教学评价均为优秀。2020年获得第十一届"外教社杯"全国高校外语教学大赛江苏省决赛英语专业组二等奖和2020年外研社"教学之星"大赛全国复赛二等奖。主持并完成江苏省高校哲学社会科学课题两项、校级课题两项，参与省级、校级课题多项。发表论文十余篇，参与编写教材一部。

# 前　言

英语作为世界通用语言之一，已经成了各个国家和地区之间沟通和交流的桥梁。随着世界经济全球化趋势不断发展，英语的作用和地位逐渐显现出来。英语教学是高校教学工作的重要组成部分，也是高校教学的难点所在。课堂是高校学生学习英语的主要阵地，所以课堂教学对教学质量具有重要且直接的影响。如何提高英语课堂教学质量是英语教师不断思考的问题，也是长期以来高校英语课堂教学改革的重中之重。

基于此，本书从高校英语课堂教学改革的思路和方向出发，重点梳理了高校英语课堂教学改革的脉络，并提出了一些实际改革操作中的对策，旨在为我国高校英语课堂的教学改革提供有益的参考。

全书共八章。第一章为绪论，主要阐述了高校英语课堂教学的特征、高校英语课堂教学的组成与类型、高校英语课堂教学的设置与评估、高校英语课堂教学的原则与过程等内容；第二章为高校英语课堂教学的现状与发展，主要阐述了高校英语课堂教学的现状、影响高校英语课堂教学的因素、高校英语课堂教学的发展走向等内容；第三章为高校英语词汇课堂教学改革，主要阐述了词汇课堂教学的内容与目标、词汇课堂教学中常见的问题、词汇课堂教学的原则与改革策略等内容；第四章为高校英语听力课堂教学改革，主要阐述了听力课堂教学的内容、模式与目标、听力课堂教学中常见的问题、听力课堂教学的原则与改革策略等内容；第五章为高校英语口语课堂教学改革，主要阐述了口语课堂教学的内容、模式与目标、口语课堂教学中常见的问题、口语课堂教学的原则与改革策略等内容；第六章为高校英语阅读课堂教学改革，主要阐述了阅读课堂教学的内容与目标、阅读课堂教学中常见的问题、阅读课堂教学的原则与改革策略等内容；第七章为高校英语写作课堂教学改革，主要阐述了写作课堂教学的内容、模式与目标、写作课堂教学中常见的问题、写作课堂教学的原则与改革策略等内容；第八章为高校英语课堂教学管理艺术，主要阐述了高校英语课堂教学管理的本质、高校英语课堂教学管理的意义、英语课堂教学的提问艺术、英语课堂教学的启发艺术等内容。

为了确保研究内容的丰富性和多样性，笔者在写作过程中参考了大量理论与研究文献，在此向涉及的专家、学者表示衷心的感谢。

最后，限于笔者水平，本书难免存在一些不足，在此恳请同行专家和读者朋友批评指正！

# 目　　录

第一章　绪　论 ································································· 1
　　第一节　高校英语课堂教学的特征 ································· 1
　　第二节　高校英语课堂教学的组成与类型 ······················· 5
　　第三节　高校英语课堂教学的设置与评估 ····················· 13
　　第四节　高校英语课堂教学的原则与过程 ····················· 20

第二章　高校英语课堂教学的现状与发展 ··························· 30
　　第一节　高校英语课堂教学的现状 ······························· 30
　　第二节　影响高校英语课堂教学的因素 ························ 33
　　第三节　高校英语课堂教学的发展走向 ························ 42

第三章　高校英语词汇课堂教学改革 ·································· 46
　　第一节　词汇课堂教学的内容与目标 ···························· 46
　　第二节　词汇课堂教学中常见的问题 ···························· 49
　　第三节　词汇课堂教学的原则与改革策略 ····················· 52

第四章　高校英语听力课堂教学改革 ·································· 69
　　第一节　听力课堂教学的内容、模式与目标 ················· 69
　　第二节　听力课堂教学中常见的问题 ···························· 78
　　第三节　听力课堂教学的原则与改革策略 ····················· 81

第五章　高校英语口语课堂教学改革 ·································· 96
　　第一节　口语课堂教学的内容、模式与目标 ················· 96

第二节　口语课堂教学中常见的问题 …………………………… 104
  第三节　口语课堂教学的原则与改革策略 ……………………… 107

第六章　高校英语阅读课堂教学改革 ……………………………… 116
  第一节　阅读课堂教学的内容与目标 …………………………… 116
  第二节　阅读课堂教学中常见的问题 …………………………… 117
  第三节　阅读课堂教学的原则与改革策略 ……………………… 121

第七章　高校英语写作课堂教学改革 ……………………………… 128
  第一节　写作课堂教学的内容、模式与目标 …………………… 128
  第二节　写作课堂教学中常见的问题 …………………………… 135
  第三节　写作课堂教学的原则与改革策略 ……………………… 140

第八章　高校英语课堂教学管理艺术 ……………………………… 149
  第一节　高校英语课堂教学管理的本质 ………………………… 149
  第二节　高校英语课堂教学管理的意义 ………………………… 155
  第三节　英语课堂教学的提问艺术 ……………………………… 158
  第四节　英语课堂教学的启发艺术 ……………………………… 165

参考文献 ……………………………………………………………… 170

# 第一章 绪 论

高校英语课堂教学作为高等教育的重要组成部分，是提高大学生英语语言技能及英语综合应用能力的主要途径，也具有独特的学科特征。本章分为高校英语课堂教学的特征、高校英语课堂教学的组成与类型、高校英语课堂教学的设置与评估、高校英语课堂教学的原则与过程几个部分，主要内容包括英语课堂教学的基本特征、高校英语课堂教学的特征等。

## 第一节 高校英语课堂教学的特征

### 一、英语课堂教学的基本特征

#### （一）语言的输入输出特征

英语课堂教学的目标是让学生学习语言知识、培养语言运用能力，而实现这一目标的整个过程都离不开语言的输入、吸收和输出过程。其中输入过程所采取的主要学习形式是"听"和"读"，输出过程主要体现在学生的"说"和"写"两个方面，而吸收发生在输入的过程、输出之前的消化过程以及输出的过程之中。这里所说的吸收也是一种艰难的认知过程，这一过程涉及语言信息的输入、储存和提出等。由此看来，英语课堂教学是一个语言学习过程，整个过程伴随着语言信息的输入、吸收和输出，语言知识（包括词汇和语法知识）的获取、语言能力（听、说、读、写四项基本能力）的发展都是在语言的输入、吸收和输出过程中实现的。

#### （二）理论指导实践的教学活动特征

教学理论来自教学实践，又对教学实践具有指导作用。每个教师都有自己对应的个人理论，这些理论有的来自自己的切身体会或感悟，有的来自同事之间的交流和协商,还有的来自与学生的合作或自己的反思。这些理论或明或暗地决定着或指导着教师如何开展课堂教学。

在具体的课堂教学方面,个人所形成的教学理念,同样也决定着教学过程中所采用的教学方法。但课堂教学毕竟是一项职业性很强的实践活动,在整个教学活动中,通过师生之间的交流与合作,共同完成预定的教学目标,既传授了知识,又培养了学生的语言实际运用能力,实现了英语课堂教学的任务。教学活动的开展是师生教学相长的职业实践过程,而教学方法的灵活多变,又反过来丰富了教师本人的教学理论。因此,课堂教学是由理论指导的实践活动。

### (三)英语课堂教学的动态特征

英语课堂教学的动态特征表现为教学目标的设定与调整、教学内容的压缩与延伸、教学方法的使用和变换、课堂上的生生互动或师生互动、教学技术手段的整合与开发等。比如,"因材施教"的教学原则要求教师在教学中针对具体的教学内容,采取鲜活的教学方法,以丰富多彩的教学手段,帮助一个个具有独特个性的学生,实现知识与能力的发展和飞跃。在整个课堂教学过程中,学生经历了一个从无知到有知的动态发展过程,在这一过程中学生的语言能力得到发展、认知水平得到提高、学习能力得到提升。"教学相长"也是英语课堂教学的特征,而其中的"相长"本身就是一个动态的发展变化过程。学生知识的增长与能力的发展离不开课堂上的教学活动,教学活动的开展又离不开教师的教学设计与参与,教学设计又要符合学生自身的特征,在从事教学活动和培养学生能力的同时,教师也得到了提高。

### (四)英语课堂教学的生态特征

课堂教学是一个生态系统,主要是因为英语课堂教学涉及师生双方的身体状况、心理状态、情感因素、智力水平等。而每一种因素都会在不同程度上影响着课堂教学效果。因此,要想取得好的课堂教学效果,各种因素都应该处在一种积极的状态,形成一种良性循环的生态系统。这包括三层含义。

①学生的学习是一个生态系统。语言学习是一个认知生态系统,它涉及物理学、生理学、心理学、认知科学、情感和社会因素等诸多方面。物理的条件、生理的准备、心理的适应、认知的规律、情感和社会因素都在语言学习的过程中发挥着至关重要的作用。

②教师的施教是一个生态系统。在施教过程中,教学方法的采用、教学技术的变换、教学内容的更替都与教师的身体状况、学识水平、情感因素等密切相关。

教师施教的过程是与学生的期待与态度、学生家长的期待与态度、学校管理人员的期待与态度、教材作者的期待与态度、其他人的期待与态度以及教师本人的个性有关的。

③作为课堂教学的重要场所，整个大的课堂环境也是一个多元互动的生态系统。学生的努力、教师的贡献以及教学材料使用过程中的生生互动、师生互动等都体现了课堂教学的生态性特征。

## 二、高校英语课堂教学的特征

### （一）交际性

语言是人类最重要的交际工具，交际性是语言最本质的功能。英语是一门重要的国际语言，也是一种重要的国际交际工具。英语教学的目的就是要培养学生为交际而运用英语的能力。在高校英语课堂教学中，注重培养学生运用英语进行师生之间、生生之间的交际能力成为有效的高校英语课堂教学的首要特征。

高校英语课堂是师生用英语进行交际的重要场所，学生一旦走出了课堂，便失去了训练语言交际能力的大好机会。高校英语课堂教学的交际性特征要求高校英语教师在课堂上从组织教学、新课讲授到布置课外作业等都坚持尽量使用英语。这样首先保证了课堂的英语氛围，使学生有了运用英语进行交际的语境。

高校英语课堂教学的交际性特征不仅要求高校英语教师做到尽量使用英语授课，更重要的是要灵活组织一系列的交际性课堂活动，为学生的英语交际创造机会和条件。例如，不拘一格的值日汇报、课文背景知识汇报、复述课文大意、就话题开展小组讨论等都是行之有效的方法。此外，开展丰富多彩的英语课外活动，如英语角、排练英语短剧、英语朗诵或演讲比赛等，这些既是英语课堂教学的延伸，也是培养学生英语交际能力的有效方式。

### （二）互动性

高校英语课堂教学的互动性表现为既充分发挥教师的积极性，又充分调动学生的积极性，师生在同一教学目标下同时产生作用，课堂教学活动具有明显的平等民主性、互促互补性、全员参与性。高校英语教学的目的是培养大学生运用英语进行交际的能力，就交际而言，至少是双向的，即教师与学生之间的交际与对话。只有做到了这一点，课堂互动才有了基础。有效的高校英语课堂互动不应仅仅停留在师生间的双向互动上，而应朝着师生之间、生生之间多边互动的方向发展，只有达到全员参与，才有可能提高课堂教学的质量与效果。

课堂互动是教学的实际过程，课堂教学只有通过互动过程才能进行。因此，高校英语教师必须运用有利于提高课堂互动性的课堂教学策略，创造有利于课堂互动的课堂氛围，组织有利于课堂互动的课堂活动，最大限度地促进高校英语课堂的互动。

### （三）实践性

实践性特征是高校英语课堂教学的本质特征。任何教学最终都要落实到实践上，学习英语的最终目的是通过英语进行交际。对中国人而言，英语学习与汉语习得的相同之处在于人们都是在语言的实践中学会使用语言的。那种只有听、读而无说、写的语言学习是低效的，是不符合语言学习规律的。在英语学习过程中，只有进行大量的听、说、读、写的实践练习，才能真正掌握英语。

### （四）文化性

跨文化交际是高校英语教学的重要内容。跨文化知识的培养，是外语教学的一个重要组成部分。语言又是文化的载体和重要表现形式。这就赋予了高校英语课堂教学浓厚的文化性特征。高校英语课程不仅是一门语言课程，也是一门拓宽知识、了解世界文化的素质教育课程。因此，设计高校英语课程时也应充分考虑对学生文化素质的培养和国际文化知识的传授。

语言是文化不可分割的一部分。在外语教学中进行文化导入有着必要性和重要意义：一是文化知识和文化适应能力是交际能力的重要组成部分，二是语言交际能力实际上是获得先进的文化知识的必要前提和手段。因此，高校英语课堂教学就必须从高校英语教学的实际情况和语言与文化的关系两个方面来考虑，将语言教学和文化教学结合起来。在课堂教学中，教师在传授语言知识、分析语篇结构的同时，应注意对语言素材中涉及的文化背景随时进行解说，指明其文化意义或使用中的文化规则。

### （五）情感性

情感性特征是有效的高校英语课堂教学的又一重要特征。教育心理学研究表明，学习过程中影响学习效果的最大因素之一是学习者的情感控制。情感因素也是外语学习区别于婴儿学习母语过程的一个很重要的方面，如果学习者在学习过程中对外族文化、目的语使用者、外语教师和教学方法抱有消极的态度，那么他的学习阻力就会相对较大，学习的效果就会受到影响。

情感因素也是外语教学的重要内容，它包括动机、态度和个性特征等。外语教学的技能训练内容是通过听、说、读、写达到运用语言的目的，理解或表达任何一句话，都必然同时涉及包含情感因素在内的三种意念：字面意义、说话人或听话人所持态度、说话人或听话人的目的。在情感性方面，高校英语教师首先要树立以学生为本的学生观，将学生看作学习的主体，而不是被动接受知识的"容器"；其次应当充分关注学生学习英语的情感、态度、动机，运用有效的课堂激励教学策略，利用"皮格马利翁效应"赏识学生的点滴进步与成功，激发他们学习英语的热情。同时，还应营造轻松愉快、和谐民主的课堂气氛，建立良好的师生关系。唯有如此，才能调动学生的全部情感因素，促进其有效学习英语，进而提高高校英语课堂教学的质量。

## 第二节 高校英语课堂教学的组成与类型

### 一、高校英语课堂教学的组成

#### （一）教师

教师在课堂教学中起着主导作用。何为主导作用？现代著名教育家叶圣陶先生说："所谓教师的主导作用，盖在善于引导启迪。"全国教育系统劳动模范钱梦龙先生在其"教师主导论"中则直接将教师在课堂教学中的主导作用概括为组织者、启发者、鼓励者和讲授者。这是因为教师是教学活动的组织者，要根据教学目的的要求，按教材内容和学生特点，采用一定的方法和手段，对学生进行知识教育和思想品德教育，在教学过程中起主导作用。教师要借助教学活动，通过研究教材、教学目的和学生的实际情况这三者的内在联系，找到适合提高学生能力的教学方法，促进学生的智力发展，实现教学目的。

英语教师要有纯正的发音，要热爱教学，对待学生的态度要和蔼，思维要敏捷，语言要幽默。同时，教师在讲解单词、句子、课文时，要穿插必要的解释并重复难懂的关键词语。教师要富有激情，并用自己的激情激发起学生的热情，在恰当的时候可用夸张的语言和语调来讲述故事，采用玩笑的形式缓解课堂气氛。

好的英语教师还应具有很强的应变能力，能预测课堂活动中出现的新动向，能很好地处理课堂上的突发情况，保证课堂活动生动有序地进行。

教师在课堂上要注意随时调整自己运用语言、提问和提供反馈的方式。语言运用的方式非常重要，为了让学生对讲述的内容有一个充分的了解，教师可以采用重复话语、降低语速、增加停顿、改变发音、调整措辞、简化语法规则、调整语篇等方法。在英语课堂中，提问可以说是教师最常使用的也是非常有效的教学技巧之一。通过提问，可以有效激发学生学习的兴趣、促使学生积极思考、帮助教师运用启发式方法教授知识结构。提供反馈就是教师为学生的学习情况提供的反馈。教师的反馈可以是对学生话语的回答，如表示学生回答正确或错误、扩展学生的答案、重复学生所答、总结学生回答、赞扬鼓励、批评等。总之，教师的目的就是采用不同形式的教学方法来调动学生的积极性、扩充学生的知识、培养学生的学习能力、提高教学的整体效果。

1. 知识与技能引导者

（1）语言知识的诠释者

高校英语教师是英语语言知识的诠释者，他们在开展课程教学之前，首先必须具备渊博的知识。简单来说，高校英语教师需要对英语专业知识有系统的、全面的把握，并能够从这些知识中分析出语言现象。一般来说，高校英语教师需要掌握的专业知识包括理论知识、语境知识、实践知识等，这些知识涵盖了语音、词汇、语法、语篇、文化等方面。高校英语教师只有掌握了这些知识，才能解决学生学习中遇到的实际问题，帮助学生提升自我，更好地实现语言输出。

（2）语言技能的传授者

当然，除了英语知识外，高校英语教师还需要掌握语言技能，并且将这些技能传授给学生。在学生学习语言的过程中，掌握语言知识是基本条件，而最终目的是提升自身的语言技能。一般来说，语言技能包含听、说、读、写、译五项。就语言的发展规律而言，听、说居于重要地位，读、写、译居于其次。但从外语教育的角度而言，读、写、译居于重要地位，听、说居于其次。这就说明高校英语课程教学的目标是让学生具备一定的读、写、译能力，而听、说能力是实现读、写、译能力的前提与基础。高校英语教师要想提高教学质量，熟练地驾驭英语这门课程，就必须掌握这五项技能，并且保证五项技能的有机结合，从而提升学生的语言综合技能。

（3）课堂活动的组织者

无论是高校英语课程教学还是其他教学，课堂活动都是必不可少的一部分。在高校英语课程教学中，课堂教学是其重要的载体与媒介。高校英语教师要想提升自身的教学质量，必须要设计出合理的课堂活动，如辩论、对话、情景对话表演等，这些都是能够让学生参与其中的活动，让学生有真实的语言训练机会，提升自身的英语语言表达能力。通过参与这些活动，学生也会不断加深对英语语言知识与技能的印象，巩固自身的知识体系。

（4）教学方法的探求者

高校英语教师在高校英语课程教学中不能仅使用一种教学方法，应该承担起教学方法开发者与设计者的角色，创新教学方法，使教学课堂更多样有趣。与其他学科相比，高校英语课程教学具有极强的实践性，因此其与教学方法的关系更为密切，甚至教师对语言知识的分析、学生语言技能的掌握、教师课堂活动的组织等都需要设计相应的教学方法。

很多学者对英语课程教学进行了深入的研究，探索出了很多教学方法，如语法翻译法、交际法、任务法、情境法等，这些教学方法各有利弊，高校英语教师需要考虑教学的实际情况以及学生的实际水平，选择适合自己的教学方法组织教学，有时候甚至需要多种方法并用，从而取得最佳教学效果。

2. 多元文化驾驭者

（1）多元文化环境的创设者

学校的文化环境会对学生的学习产生影响。作为一种社会化机构，学校的目标、功能、管理等都属于主流文化，如果教师不知道如何对学校的教学环境进行塑造，就很难在家庭—社区—学校之间构建一个平衡点，很难让学生适应教学环境。因此，教师要努力创建多元文化教育环境。具体来说，可以从以下几点着手。首先，师生之间要构建信任关系。师生间的关系对学生的成绩会产生重要影响，文化差异的存在、教师的偏见容易造成师生之间的隔阂与误解。如果师生之间存在这种隔阂与误解，就会对学生的自我观念产生负面影响，让学生受到挫折，甚至孤立无援。其次，教师要努力构建一种积极的家庭式氛围。教师要为学生提供一个尊重与关怀的环境，让学生感受到家庭式语言与文化。教师要对学生的文化背景有充分的了解，不断搜寻相关的信息，并将这些相关信息自然地融入教学。总之，教师只有成为一名多元文化者，才能对学生所处的文化环境有清楚的了解，对学生的文化价值观有清楚的把握。同时，教师只有从多种角度对文化加以理解，才能为学生设计合适的教学策略与内容。

（2）中西文化差异的解释者

在多元文化背景下，高校英语教师扮演了中西文化差异的解释者的角色。由于中西方文化传统不同，二者在价值观、思维模式上存在明显的差异，而这些差异逐渐成为学生跨文化交际的障碍。就社会文化角度而言，语言属于应用系统，具有独特的规范，是文化要素中的重要组成部分。因此，在高校英语课程教学中，高校英语教师除了要教授英语知识与技能，还要解释文化背景知识，实现英语知识、英语技能、文化背景知识三者的融合与补充。

需要指出的是，高校英语教师在扮演中西方语言文化差异的解释者这一角色的时候，对中西方文化要保持中立态度。文化没有优劣之分，因此高校英语教师在选取素材时，应该尽量选择那些不会对其他文化造成伤害的素材，避免引导学生对某些文化产生偏见，使学生对不同的文化都有清楚的认识。

（3）本土文化知识的传授者

前面提到高校英语教师应该对西方文化背景知识有清楚的了解，除此之外，他们还应该对本土文化有清楚的了解与认识，甚至需要成为本土文化的专家，挖掘本土文化所蕴含的特色与思维形式。高校英语教师既是知识的引导者，也是文化的传承者，他们应该将本土文化知识融入自己的课堂，与学生展开平等的交流，从而为高校英语课堂教学提供更为广阔的空间，同时构建和谐的师生关系。

高校英语教师要比其他人对本土文化知识有更敏锐的直觉，更注重保护与发展本土文化知识的价值，并且懂得如何对学校所处社区的本土文化知识进行挖掘。在高校英语课程教学过程中，高校英语教师应该对学生在本土社会中获取的知识予以尊重，而不是一味地否定或者贬低。高校英语教师可以引导学生对本土文化知识与书本知识进行比较，培养学生将本土文化知识与书本知识紧密融合的能力，从而形成更完善的知识体系。

## （二）学生

学生是课堂教学的主体。为此，钱梦龙先生提出"学生主体论"，指明"学生的学习过程虽然是一个特殊的认识过程，但无论这个过程如何特殊，学生总是认识的主体，他的认识活动只能通过他自己的实践和感知，在他自己的头脑里进行，旁人是谁也代替不了的"。因此，教师组织教学必须以学生为主体，必须确认在教学过程中学生是认识的主体，是教学信息、知识能力的转换者和接收者，是教学效果、教学质量的体现者。学生在课堂教学中的主动介入、学习积极性的充分调动，是提高教学质量的前提。

在英语教学过程中，教师和学生都是参与者，两者都是重要的主体，但是两个主体所处的环境是不同的，教师是在英语教学中起主导作用的主体，其主要职责在于"教"，而学生则主要是为了"学"。因此，在英语学习中，学生是主体。在英语教学中，教师和学生是直接参与的两个主体，同时，英语教学中有些项目是需要英语教师和学生共同来完成的，因此只靠教师的教是无法达到教学目的的，还需要学生的配合，才能使教学活动顺利进行并保证教学效果。学生在英语学习过程中的一个重要任务就是不断汲取英语的相关知识，如英语文化知识，这样才能不断提升对英语的理解和感悟。

在英语课堂教学中，善于学习英语的学生对英语及其相关文化背景知识有浓厚的兴趣，对英语民族及其政治经济、风俗习惯、生活方式等有开明的态度，有着明确的学习目标和强烈的学习愿望，善于寻找和琢磨适合自己的学习方法。这样的学生对学习有着负责的态度，而不是为了考试而学习，他们通常具有以下特点。

①愿意并认真听教师讲课，勤于做笔记，经常复习教师讲过的单词、短语、句子和课文。

②懂得通过与教师进行适当的交际可以提高语言水平，因此经常提问并积极发言。

③富有冒险精神，能大胆运用所学知识，不怕出错，对于教师的纠正有正确的态度。

④热爱思考，勤于尝试用英语的思维来考虑问题，善于将所见所闻与学过的英语知识联系起来。

⑤有适合自己的学习方法。例如，有些学生喜欢早上记忆单词、背诵课文，有些学生喜欢睡前记忆单词、背诵课文。因此，好的学生善于寻找和琢磨适合自己的学习方法和学习时段。

⑥懂得如何安排自己的课后学习活动，懂得学习英语贵在坚持。

⑦具有长远的学习目标，定下的近期目标往往比目前学习的内容更深入，善于充分利用课堂与老师和同学进行交流和沟通。

**（三）教材**

教材在课堂教学系统中是教学的依据，是教师对学生施加影响的主要信息，也是学生认识客观世界的媒介，是实现教学目的的重要保证。在课堂教学中，它起着极其重要的作用：一是它是知识的载体，规定信息的意义，是课堂教学存在的前提；二是它影响着教师、学生对信息的编码和教学程序；三是它对教学诸方面加以制约，从而影响着教学过程。

教材是固定的，但学生是不断变化的。而且任何教材的编写都受编者水平和资料的限制，不可避免地会存在某些缺点和不足。如果教师一味地以完成教学任务为目的而忽略学生的反应，按部就班地使用教材，恐怕很难起到促进学生学习的作用。因此，在教学过程中，教师应灵活处理不同的教材，在课上或课下询问学生的感受，及时调整教学方法和进度。在教学过程中通常会遇到以下有关教材的问题。

①教材的难度偏大。在这种情况下，很多学生很难跟上其步伐，所以仅仅是进行机械的操练。此时，教师应放慢教学进度，添加一些与文章内容相近但难度较小的内容。

②教材语言材料过于简单。在这种情况下，绝大多数学生已经将教材内容熟记于心，虽然课堂氛围活跃、学生交谈的兴致很高，但也只是操练旧的语言知识和技能，不利于新知识的吸收和语言能力的发展。遇到这种情况时，教师应注意为学生添加一些具有挑战性的语言材料，如一些略高于现有水平的词汇、句子及课文，在便于学生理解的同时又富有一定的挑战性，可以激发学生的学习兴趣并增强学习动力。

③教材形式过于死板，趣味性不强。此时教师应注意增添一些符合学生心理特征的内容以增强学习的趣味性。

④教材没有按照先易后难、先浅显后深入的原则编排。此时教师可以以整本教材为依据，调整教材文章的先后顺序。

## （四）教法

语言教学无定法，英语教学历史上出现过诸多教学方法，这些教学方法都在英语教学中发挥过作用。但实践证明，没有哪一种教学方法是最好的、最有效的。如果在教学过程中采用固定的、一成不变的教学方法，必然会引起学生的反感，进而教学效率会降低。即便是在一堂课中只使用一种教学方法，学生也会感到乏味，从而影响课堂教学效果。因此，不管是在整个教学过程中还是在某一具体课堂教学中都要采用不同的教学方法，这些教学方法对语言技能各有侧重，有利于学生英语水平的全面提高。

## 二、高校英语课堂教学的类型

### （一）按语言技能的传授分类

①语法课。这本身也是一种讲练课。对于一些简单的语法点而言，教师可以结合课文，有意识地通过口头操练使学生掌握。而对于一些较为复杂的或汉语中没有的语法点，可以通过上语法课单独进行讲授和操练，以使学生系统地掌握。讲练课能够促进学生对英语基本知识和技能的进一步理解、掌握、巩固和应用，提高讲练效率，培养学生运用语言的能力。

②听说课。听说课是英语课的重点，听说课教学是学生的英语交际应用能力培养的核心途径。听说课一般围绕具体话题情境进行听、说、读、演的活动，以培养学生的听力理解能力、语言知识感知能力、口语表达能力为主，同时兼顾培养情感态度、学习策略、文化意识，进而提升学生的语言综合运用能力。在听说课教学中采用"互联网+"条件下的英语新型课堂教学模式，旨在将教学内容与互联网技术、资源相结合，创设接近实际生活的语境，开展具有趣味性和多样性的活动，让学生自己体验、感知和实践，培养学生的语言综合运用能力。

③读写课。阅读课的文章承载着每个单元最核心的语言点及语法内容，阅读课教学旨在进行语言输入，在英语教学中占有重要地位。阅读课具有较强的综合性，包括知识学习、听说训练。在英语课堂教学中，教师可以利用互联网技术与资源，帮助学生转变学习方式，支持学生开展探究性阅读。学生通过分析文章不断运用词汇和语法，使知识问题化，继而使问题能力化，可以提高对语篇的分析理解能力、概括能力与判断能力。通过写作进行书面表达是英语表达的重要组成部分。英语写作通过为学生提供多种形式的材料，如文字、图画、表格等，让学生运用掌握的语言知识来描述事物、阐述观点、表达思想，以此培养学生对所学英语知识的实践应用能力。在英语课堂教学中，教师可以利用多媒体等重构课堂教学结构，开展以学习者为中心的课堂教学活动，从作文立意、语篇结构、语言逻辑、语法表达等方面入手提高学生的书面表达能力。

④综合课。英语综合课通常以语言技能训练为主，教师偶尔会根据实际需要做一些简要的讲解。综合课通常体现英语教学的完整过程，对听、说、读、写都做相应的安排，但不是进行机械的操练活动，也不一定是把几项技能分开训练。所谓"综合"就是把几个技能融合在一起，如听说活动以交流思想内容为中心，但实际上也训练了学生的听力与口语表达能力。读、写也可以结合起来进行训练，

如要求学生阅读简短的课文，然后根据自己的实际情况改写成讲述自己或同学熟悉的地方或事物的段落，训练改写句子的能力。综合课让学生感受语言的整体性，为技能的平衡发展提供机会，教师为学生提供可以理解的语言输入（口头与书面）材料，学生的回应与表情都能告诉教师他们是否充分理解了教学材料。因此，在教学实施过程中，教师要充分利用表情、手势、姿势、图画、图表、实物等不同类型的演示，帮助学生在看中练习听、读，在模仿中练习说、写，促进学生的语言能力发展。

### （二）按教学环境分类

①新授课。这是英语教学中最常用的课型。新知识的讲练通常用于教科书中每课的第一节或第一次课，通常有巩固课作为后继。其主要任务在于突出新知识的讲练，其他环节压缩到最低限度，或者干脆取消某些环节。新材料的初步巩固只有少量是必要的。

②巩固课。它的主要任务是通过各种形式的练习巩固和深化刚学的新材料，提高运用的能力。有时，在检查课之后也可以安排巩固练习课，目的是巩固检查课所发现的学生已经遗忘或掌握得不符合要求的知识和技能。

③复习课。这是在测验或考试前对某一时期内所学内容进行的复习性练习课型。其目的是使所学内容系统化，使学生对已学内容理解得更深，使新旧内容更好地联系。复习课涉及的教学内容比较多，如果仍旧按照原来学习的顺序全部复习，既没有必要，时间上也不允许。因此，为了使复习取得良好的效果，应该精心选择和组织复习内容。

### （三）按教学形式与学生学习的方式分类

①注重语言形式的教学。在这种类型的课堂教学中，教师将所教的词、句、搭配等用非常突出的手法呈现给学生，可以让学生把注意力集中在形式特征上。注重形式特征的教学要求学生将注意力集中在一些零散的语言点上，这就很容易使学生产生疲劳感，进而降低教学效率。有经验的教师会注意调节教学时间，尽量压缩此类型课堂的教学时间。因为启动语言运用的不是有意识的语言知识（比如学会的语言规则），而是潜在的无意识知识。语言运用中有意识地思考某一规则往往会干扰它的应用。此外，口头交际中对自己的语言进行有意识的监控往往影响交际的流利度，但是作文修改中使用有意识监控是有效的弥补办法。当然，在英语学习的较高级阶段，语言规则和语用知识的学习还是有一定必要性的。适

当的语法或关于语言形式的教学能起到满足学生的求知欲、帮助学生有效监控语言运用的作用。虽然英语课堂不必每节课都有语言形式方面的讲解，但是如果一点也不提及语言点，有的学生会感觉没有学什么知识，或者感觉教师只教会他们死记硬背。需要指出的是，语言点的讲解并不是分析抽象的规则，而是突出固定搭配、常见变化方式和规律、使用方面的限制。语言点的讲解应当尽量减少学生对形式的注意，而加强对用法的认识。

②注重思想内容的教学。这与注重语言形式的教学是相对应的。注重思想内容的教学以交际或内容为目的，此种形式的英语课堂教学主要有以下几种交际模式：教师—学生对话（示范、真实问答），学生—学生对话（模拟训练），教师—学生—教师—学生多边对话（教师作为个体参与小组讨论，分别与学生进行思想交流），小组学生—小组学生比赛（对某人某事的描述、谈论或辩论），等等。

## 第三节 高校英语课堂教学的设置与评估

### 一、高校英语课堂教学的设置

英语课堂教学设置是英语教师根据一定的英语教学理念、教学理论、教学实践经验对课堂教学行为的一种策划，是对学生达成英语学习目标、实现学业进步所做的安排。究其本质，英语课堂教学设置是对达成学生学习目标的一种策划，是一门科学。英语课堂教学设置的科学性体现在三个方面。第一，设置者必须正确运用教育思想和英语教育原理，以先进的教育思想、教学理念和教学理论指导英语课堂教学设置，融教育和教学原理于英语课堂教学设置之中。第二，设置者要正确地理解英语课程和教材的内在意义，把握教材的知识、技能和主题篇章系统的运动规律，把教材的要求、教材的编制思想和设置者对教材的认识融入英语课堂教学的设置。第三，设置者要正确认识学习主体。学生既是教学的客体，又是教学的主体。英语作为一门学科，其教学是在师生互动中完成的；英语作为一门语言，其交际是在师生间实现的。对教学对象和主体的认识不足必然导致教学方向的迷失、教学目标的落空；无视教学对象和主体的存在，纵然再好的教学设置也只是一句空话。学生的英语学习动机、经验和基础是设置者首先要考虑的问题。

## （一）课堂指令设置

英语课堂中学生的活动是在指令下进行的，学生课堂学习行为和任务是否得以实施与课堂指令直接有关。学生课堂学习行为既受指令的制约，又受个性的激活。换言之，课堂英语学习是指令下的自主行为。就功能而言，指令具有激发或唤醒学习行为的功能，能优化学习行为过程，也规定着行为的取向。课堂指令效果具有两面性，它既具有正效应面，也具有负效应面，这取决于英语教师的教学理念、教学能力和课堂语言素养。由于课堂指令的优劣与课堂教学效率直接或间接相关，所以课堂指令的选择和使用必须慎重。

课堂指令设置必须具有以下四个特点。

①语言要简明扼要、清晰完整。

②给予适当的例子或示范，以便进一步帮助学生理解指令。

③时机要恰当，要在学生注意力集中、等待发布指令时给予课堂指令。

④指令内容要完整，一般要交代清楚课堂活动的方式、目的、操作步骤、时间长度、反馈要求及方式等。

教师指令语是课堂上教师使用的用以实现教学功能的话语，是教师让学生在课堂上做某事的一种言语行为，是活动前被用来解释与之相关的内容和相关操作程序的语言。教师如何有效使用指令对学生任务的领会与完成有很大影响。因此，教师指令语研究对教学实践有重要的指导意义。

教师指令语有四种功能类型，即单纯指令、伴有解释的指令、带有强调性重复的指令、指令加核查。但大多数指令为单纯指令。

教师指令语的言语形式包括：第二人称祈使句、第一人称祈使句、省略式指令，请求式疑问句、陈述句、陈述句＋附加疑问句。前三种形式属于直接指令，而后三种则是间接指令。从使用频率来看，前者高于后者。

教师的指令语表现出的特点有创造有关联意义的语境、认知策略引导、给予情感支持，以及提供资源。这些特点帮助学生理解指令并更好地完成任务，成为自主的语言学习者。

教师的指令越清晰和简化、创设的语境与话题的关联性越强，学生对指令的理解和任务的执行就越好，这点对英语成绩高或低的学生均适用。如果指令语使用不当，会对学生的理解产生不利影响，进而影响其对指令的执行。因此，教师发出清晰的、有效的课堂指令，有助于充分激活学生的课堂学习积极性，提高语言课堂的教学效果。

课堂指令的发布是否清楚，关系到指令是否能正常有效地实施。教师在发布课堂指令的时候，应该注意以下问题。

①对象性。发布的对象是一部分学生还是全体学生？无论是哪一部分学生，都应该使全体学生清楚且明白。

②针对性。这里我们所说的针对性是指针对课堂内容，即课本的相关章节或部分，或者是具体的语言点，都应该让学生知道这样做是为什么。

③衔接性。课堂活动的衔接应该由一个又一个指令构成。

此外，在英语课堂上，教师的教学语言是学生输入和输出语言信息的重要渠道，是师生运用语言沟通情感和真实交际的主要途径。可以说，真实交际、自然习得是新课改推崇的英语教师课堂语言行为的最高境界，是值得每一位教师关注的问题。那么，要想科学利用教学语言的输入功能，在课堂教学过程中促成学习者在完成学习任务的过程中自然地习得语言，英语教师必须熟知英语课堂教学语言的特征和功能类别，懂得如何优化教学语言并富有成效地组织课堂教学。

第一，英语教师应了解课堂教学语言的特征。英语教师在课堂上所用的教学语言是"一种简短、简化、规范，在语音、词法、句法、语篇层次上经过修改的语言"。英语教师"常常使用夸张的发音，或延长停顿、或放慢速度、或扬声扩音，发元音时较为清楚，而辅音连缀现象较少见"，应"尽量多地使用基本词汇，尽量少地使用口语体、不定式词、缩合词、中性风格词等"，应"尽量使用短句，较少使用从句，大量使用现在时，句子结构完整规范，信息传送频率比正常语速要慢1/2 到 1/3"，还应"大量使用第一人称，大量开展教师诱导性言语活动、对话和多自我重复"。有时，英语教师还常常根据学生的外语水平调整和修饰自己的教学语言，如加重语气、改换说法、配合体态语等。

第二，英语教师应了解英语教学语言的语用分类。除课堂教学中的讲述语言（讲解教学内容）外，按照英语教学语言的语用功能，我们通常把英语教学语言划分为寒暄、指令等。

### （二）纠错机制设置

在课堂上，学生所使用的英语语言出现语误或差错是在所难免的，因此教师应该善于利用纠错方法提高学习效率，以便达到预先设定的教学目标。纠错的方式多种多样，有教师纠错、自我纠错和同伴纠错等。纠错的原则是突出重点目标、抓住时机。教师在教学过程中应尽量避免"好极了"或者"嗯"这种程式化的、毫无意义的反应。

教师应该尽力澄清并正面回应学生语言学习中出现的错误和问题。一位合格的英语教师应掌握以下澄清策略：①当学生自信地回答出正确的答案时，教师接受并承认答案，然后继续，不要过多地赞扬；②当学生回答正确但很犹豫时，教师要及时给予反馈和鼓励，在给予反馈和鼓励之前要解释答案为什么准确；③当学生回答得很自信但答案不正确时，要对学生的积极思考予以肯定，然后用别的问题引导学生得出正确的答案；④当学生由于粗心大意而回答不正确时，教师要给出正确答案然后再指出错误之处，避免直接纠正错误答案。

在对纠错策略进行实践验证和理论思考之后，我们认为好的纠错策略应该考虑以下三点：①不同教学要求有不同的纠错方式。如果以语言准确性作为教学重点，那么教师就要及时指出学生英语学习中出现的错误，尤其是语法层面的错误，以降低错误的强化率；如果以语言流畅性作为教学重点，就可以忽略一些语法错误，鼓励语言的大胆产出。②引导学生进行自我纠错。教师应通过比较婉转的方式指出错误所在，引导学生自己改正错误，加深印象，养成良好的学习习惯。③要把握时机，不能为纠错而纠错。如果教师经常随心所欲地打断学生的思路进行纠错，将对学生语言的形成和发展产生不利的影响。

## （三）提问设置

课堂提问是课堂上师生之间、生生之间互动的重要组成部分。课堂提问也是教学有效性的一个重要因素。有效提问的策略包括以下内容。

①问题的类型和水平必须与教学目标和要求相符合。

②在课堂教学过程中要问足够量的问题，使问题的类型多样化、层次化。

③提出问题后要留出一定的时间，然后请学生回答，给他们留有一定的时间进行思考或做好回答的心理准备。

④保证全班学生有同等的回答问题的机会。

⑤学生回答不精确或不完整时，需要继续提问，不必马上给出明确的答案。

⑥要将问题特别是关键的问题，事先写入教学设置或教案。

⑦提出的问题应清晰、简短、切中要害。

⑧所设置的问题要确保能够吸引学生的关注和参与。

⑨非语言行为如眼神、站姿等应与所提问题协调一致，以便更好地启发和鼓励学生。

## （四）英语课程的设置

各高等院校应根据实际情况，按照课程要求和各自学校的大学英语教学目标，设计出各自的大学英语课程体系，将综合英语类、语言技能类、语言应用类、语言文化类和专业英语类等必修课程和选修课程有机结合，确保不同层次的学生在英语应用能力方面得到充分的训练和提高。

首先，高校英语教学在进行课程设置时，应适当地增加听说训练的课时，以保证学生听说能力的有效提高。同时，提高听说训练的学分比重，以激发学生学习的积极性。

其次，教师应充分利用计算机、网络等先进的信息技术，为学生创建真实有效的语言学习环境，开设网络学习平台，为学生进行自主化学习提供条件。

高校英语教学是集工具性与人文性于一体的教学，它不仅传授给学生一定的语言基础知识，同时更重视对学生文化素质的培养，使学生了解更多的国际文化知识，拓宽学生的视野，优化学生的知识结构。

满足学生的个性化需求不仅是对课堂教学的要求，同时基于计算机和网络的课程也要体现个性化，关注学生的差异，了解学生的兴趣，以促进全体学生的共同发展。高校英语教学旨在使学生在掌握一定的语言知识的基础上，培养学生的综合运用能力，使学生经过大学 4 年的英语学习后，不仅能熟练掌握并运用各种语言知识和技能，同时也能实现自身的个性化发展。

### （五）课堂秩序设置

良好的课堂秩序是保证课堂活动有效开展的前提。在进行英语课堂教学时，教师首先要尽可能通过教学设置有准备、有秩序地保证课堂秩序，尽可能减少因准备不充分而影响课堂的组织秩序的情况。因此，教师要注意以下几点。

①精心设置，认真策划每一个教学步骤，使课堂教学活动与教学设置相匹配，使教学步骤与步骤之间、教学活动与活动之间环环相扣，使学生在紧张有序的课堂环境中学会学习。

②为不同年龄、不同认知能力的学生量身订制各种不同的活动，牢牢抓住他们的兴趣点，适时调节他们的兴奋点。

③设置出不同层次的活动和问题，使不同学生都享有展示自己的机会，切忌"厚此薄彼"。

### （六）流程设置

教学设置具有科学性的重要标志是它有一系列工具。这些工具将使教学设置具有可操作性。教学的常用工具是教学分析表、教学流程图、教学设置说明等。教学分析表能更好地明确教学目的、分析学习者背景及其他教学相关要素。教学流程图是用图的形式表述教学过程以帮助教师清楚准确地把握教学过程中的各个要素和环节。

## 二、高校英语课堂教学的评估

课堂教学评价是提升高等学校教学质量的重要手段，而课堂教学评价标准的确定又是实施课堂教学评价的关键性环节。目前，绝大多数学校没有制定适合英语教学的课堂评价标准，评价指标通常都集中在教师的"教"方面，而对学生的"学"关注不够。高校大学英语教师课堂教学评价应当根据高校英语教学要求、教学规律、教学原则及课堂教学目标，运用科学的评价技术、手段和方法，对教师课堂教学效果和课堂教学目标的实现程度做出价值上的判断。高校英语课堂教学的评价标准应突出高校英语课程的特征，各高校应当科学、有效地实施教师课堂教学评价，促进教师专业发展，提高高校英语教育教学质量。

传统的课堂教学评价通常以校方主导的教学督察为主，以学生在学期末对教师课堂教学的总体评价为辅，评价结果将作为教师评先评优、职称晋升等的重要参考。针对某一节课的教学评价，评价主体多为领导和同行教师，评价对象为教师及其课堂教学过程及效果。在高校英语教育教学深化改革的背景下，高校英语教学部门越来越重视高校英语师资队伍建设，把日常课堂教学听课评课制度化，把讲课观摩比赛常规化，不断加强教师专业发展，改革教学模式，改进教学效果。

高校英语课堂教学评价具有评定、改进、激励等功能。在高校英语教育教学改革中，教学主管部门应当充分发挥听课评课的功能，设置评定和激励机制，重在改进。实践证明，科学、公平、合理的课堂教学评价，有助于调动教师参与教学改革的积极性。通过课堂教学评价，教学主管部门可以了解教师课堂教学的质量和水平、优点和缺点等。通过课堂教学评价所提供的反馈信息，师生能明确教学目标的实现程度，明确课堂教学活动中所采取的形式和方法是否有利于促进所规定的课堂教学目标的实现，也使教师提高教学设计的意识和水平，积累经验，以便在以后的教学中更好地完成教学任务，不断提高教学质量。

### （一）教学评估

教学评估对高校英语教学来说是一个至关重要的环节，它不仅为教师提供了及时有效的反馈信息，使其可以调整教学策略，完善教学管理，提高教学质量，同时又能使学生正确地认识自己，对自己的不足之处加以改进与完善，提高学习效率。因此，构建全面、客观、有效的评估体系，对各个高校的英语教学是十分重要的。

根据评估目的的不同，可将评估方式分为形成性评估和终结性评估。

形成性评估是在教学过程中实施的，为了了解学生学习情况的发展性评估。其以教学目标为准则，采取自评、他评、互评等多种评估手段，开展课内与课外的活动记录、调查、访谈等多种评估形式，以保证评估结果的可信度和有效性。形成性评估不仅是基于计算机和网络教学模式的重要评估手段，同时也对课堂教学模式的评估起着重要的作用，实现了对学生学习过程的有效监督和监控，保证了学生在自主化学习过程的有序性和有效性，有利于促进学生的身心全面发展。

终结性评估即总结性评估，是在教学阶段结束后，对学生的听、说、读、写能力的考核，以期末课程考试和水平考试为手段，以评估学生的英语综合应用能力。高校根据自身的情况，在完成课程要求的三个选择性层次的教学后，可以通过联考、统考来对学生的学习质量和效果进行评估，也可以单独组织考试，以高校自己命题的方式来测试学生这一阶段的学习成果。不论是参加统考还是进行自主考试，都要以考核学生的英语综合应用能力，尤其是听、说能力为主，实现对这一阶段的终结性评估。

教学评估不仅要对学生的学习过程和学习效果进行评估，也要对教师的教学过程和教学效果进行评估，以学生的考试成绩为参考，从教师的教学方法、教学效果等各个方面对教师开展评估。教育部门以及各大高校应充分重视高校英语课程教学评估对教师教学的促进作用，并将其纳入学校本科教学工作水平评估工作系统中。

## （二）教师评估

教师作为课堂"教"的主体，是课堂教学的设计者、实施者、组织者。在以教师授课为主的教学环节，教师是信息的载体，通过各种途径、方法，向学生源源不断地输送着知识信息、语言信息、思想信息、心理信息和学习认知策略信息；在以学生为中心的学习活动中，教师是有力的组织者、参与者和促进者，通过有效的教学任务设计和课堂组织，助力学生积极主动地探索知识和技能，培养学生的合作意识和批评思维能力。在整个教学过程中，教师的信息素养在很大程度上决定着教师对教学媒体的使用和对教学模式的改革，决定着教师主导作用的高下，往往也决定着学生主体地位的落实效果。

课堂教学的质量取决于教师的专业水平、教学水平、教学风格以及品行情操等诸多因素，取决于教师的信息素养及其对多媒体的综合运用水平。不同的评价体系、评价标准以及评价主体，就会产生完全不同的评价结果。课堂教学评价具有很大的主观性。但是，我们可以通过分析教师所设计的教学流程和教学活动，分析教师所采用的教学手段及其在整个课堂教学过程中所扮演的角色和表现，从而比较客观地了解教师是否完成了教学目标，判断其教学效果是否理想。

### （三）学生评估

在课堂教学评价中，不但要考查教师的教学设计、教学组织和行为表现，也要评价学生通过教学所发生的变化及取得的进步，特别是要考查以学生为中心的学习活动、学习方式和学习效果，因为学生是课堂"学"的主体，应当侧重于学生英语"学习"的模式（语言输出）和表现。

在以教师为主导、以学生为中心的"学"的活动中，学生是学习的真正主体。学生通过运用各种媒介和交流模式，独立完成或以同伴或小组等不同方式参与完成教师所设计的教学活动，学习语言知识，强化语言技能，提升跨文化交际素养和批判思维意识。针对以学生为主体的课堂教学评价，不仅要考查学生的学习表现，如学习动机、学习中心地位、学生参与度、自主学习能力与协作意识、批判意识，并通过对上述诸因素的分析了解学生的学习效果，还要考查学生自身对课堂教学效果的反思与评价。

## 第四节 高校英语课堂教学的原则与过程

### 一、高校英语课堂教学的原则

#### （一）兴趣原则

兴趣是推动英语学习者不断前进的最强有力的动力。对于学习者来说，英语学习的兴趣在很大程度上决定着英语学习的成功与否。事实上，很多学生一开始对英语学习并不是排斥的，这出于他们对于英语学习的天然的兴趣，以及对新鲜事物和对异国语言与文化的好奇。然而，在实际的英语教学中，由于教师教学方法的不当、考试体系的不科学等，学生的学习兴趣并未得到很好的维持，而教师也未能对学生学习英语的兴趣给予进一步的激发与培养。因此，教师要从自身出发，努力激发和培养学生学习英语的兴趣，了解学生真正感兴趣的问题。

①充分了解学生的生理与心理特点，尊重学生的主体性。学生是学习的主体，是整个学习过程的核心承载者。英语课程必须从学生的心理和生理特点出发，遵循语言学习规律，从改变学生的学习方式入手，通过说唱、表演、读写和视听等多种活动方式，达到培养兴趣、形成语感和提高交流能力的目的。

②防止过于强调死记硬背、机械操练的教学倾向。英语学习需要一定的死记硬背和机械操练的活动，但过多的机械性操练很容易导致课堂教学的死板与乏味，容易使学生降低或者失去学习英语的兴趣。为此，教师应该科学地设计教学过程，努力创设知识内容、技能实践和学习策略，以营造启动学生思维的教学环境，帮助学生通过各种渠道获取知识，加速知识的内化过程，使他们能够在听、说、读、写等语言交际实践中灵活运用语言知识，变语言知识为英语交际的工具。这样，学生在获得交际能力的同时，综合素质也会得到相应的提高，学生的学习兴趣才会得到巩固与加强。

③挖掘教材，激情引趣。教材是英语教学的核心，教师要想最大限度地调动学生的积极性，就要在备课时认真地研究教材，挖掘教材中的兴趣点，使每节课都有新鲜感，都有让学生感兴趣的内容和活动。

④善于发现学生的进步，多鼓励表扬，培养学生的自信心和成就感。对于学生来说，学习兴趣能否保持在很大程度上取决于学习的效果，取决于他们能否获得成就感。因此，教师要通过多种激励的方式，如奖品激励、任务激励、荣誉激励、信任激励和情感激励等，激发学生积极参与、大胆实践，体验成功的喜悦。

⑤注意发现和收集学生感兴趣的问题，把这些问题作为设计教学活动的素材。

⑥增强教师与学生之间的交流。一个班级的学生来自不同的家庭与环境，教师要平等地对待每一个学生，对学生充满爱心，通过各种形式与学生交流，真心地与学生交朋友，用自己对工作、对学生的热爱去影响学生，同时要活泼，富有幽默感。实践表明，一个学生对某一门课程喜欢与否，往往取决于他对于这门课程授课教师的态度。另外，教师还要寓思想教育于教学之中，结合英语教学培养学生的道德情感和对英语学习的热情，创造和谐、轻松的课堂气氛，注意保护学生的自尊心。好的情绪转到学习中就会变为一种兴趣和动力。教师在严格要求学生的同时，还要给学生创造一种和谐的学习氛围，通过一个眼神、一个手势、一个微笑或一句赞许的话去影响学生。

## （二）以学生为中心原则

以学生为中心是英语教学的首要原则，因为学生始终是教学过程中的主体。教师作为过来人，熟悉教学内容，了解学习的有效方法和途径，在教学的过程中，必须以学生为中心，发挥自己的指导作用，为学生创造学习条件，随时给学生提供帮助，调动学生的学习积极性。总之，教师的一切教学工作都是围绕学生的需要而进行的。

以学生为中心，就是要求教师的心里要时刻装着学生，把教建立在学生的学上，教学的一切工作围绕学生的学习进行。在备课时，在授课时，或者在课后批改学生的作业时，教师都要考虑学生的心理和需要，注意学生的表情和反应，分析学生掌握的情况，安排和调整自己的教学方法和步骤以适应学生的需要。只有以学生为中心，才能让学生明确学习意义、学习内容和学习目标，才能使学生看到奋斗的目标，看到已经取得的成绩，增强学习的信心，从而在学习的道路上勇往直前。

## （三）循序渐进原则

任何学科的教学都要遵循循序渐进原则。英语教学的循序渐进原则包括以下几个方面。

①语言知识学习从口语过渡到书面语。英语包括口语和书面语两种形式，其中位于第一位的是口语，位于第二位的是书面语。从语言发展的历史来看，口语的发展先于书面语。这就决定了英语学习要从口语开始，然后逐渐向书面语过渡。口语里出现的词汇比较常用，而且大都是日常生活用语，句子结构也相对简单，与书面语相比更容易学习。通过口语的学习，学生可以很快地获得与日常生活相关的交际能力。

②从听、说技能的培养过渡到读、写技能的培养。通过英语课堂中的听、说教学，学生可以学到正确的语音，掌握基本的词汇和基本的句子结构，进而为读、写能力的培养奠定基础。而且，英语教学从听开始，也符合中国英语教学的实际情况。英语是一门外语课程，对于绝大多数中国学生来说，他们缺少英语的语言环境。而"听"便成了他们获取英语知识和纯正的语音语调的唯一途径。也只有具备了一定的听力能力，才能听清和听懂别人说的英语，才能使学生充满信心地用英语与别人交谈，也才能确保英语教学顺利、有效地进行。因此，在整个英语教学过程中，教师每节课都要尽量为学生创造一个良好的语言环

境，培养学生听的能力，并在此基础上，结合相应的听力内容，循序渐进地培养学生的口语表达能力。听、说、读、写是英语学习的四项基本技能，是需要全面发展的，教学应先从听、说入手，然后在此基础上进一步培养学生的读、写能力。

③语言知识与技能、使用语言的能力不断循环与深化。在英语教学中，要使学生掌握一个语言项目是不可能一次完成的，它需要进行多次的循环，而且这种循环每一次都是对前一次的深化。在具体的课堂教学中，教师应该注意在学生已有的语言知识和已经熟悉的语言技能的基础上，讲授新的知识，传授新的技能，在教授新知识的同时还必须复习前面的内容。

## （四）灵活性原则

灵活是兴趣之源，灵活性原则是兴趣性原则的有力保障。语言是生活的一个必要组成部分，是一个充满活力、不断发展的开放性系统。语言本身的性质以及学生的自身特点要求我们在英语教学中要遵循灵活性原则，要在教学方法、语言学习和语言使用方面做到灵活多样、富有情趣。

①教学方法的灵活性。英语教学史上曾经出现了许多种不同的教学方法和流派，如语法翻译教学法、视听教学法、交际教学法等，每种方法都有其自身的优势与不足，教师应该兼收并蓄，集各家所长，切忌拘泥于某一种所谓流行的教学方法。英语教学包括语言知识和语言技能两个方面：语言知识包括语音、词汇、语法等内容，不同的语音、不同的词汇、不同的语法项目都具有不同的特点；语言技能包括听、说、读、写四个方面，其中又包括许多微技能。而学习者的个体差异也是千差万别的。因此，在英语教学过程中要综合学生、教学内容以及教师自身的特点，创造性地开展多种多样的教学活动，充分体现教学方法的多样性和创新性，使英语课堂新鲜有趣，从而激发学生学习英语的热情，挖掘学生的潜能。教学的内容也要体现多样性原则，不光要教英语，还要教学习方法。

②学习的灵活性。教学方法和教学内容的灵活性可以有效地带动英语学习的灵活性。教师要帮助学生探索合乎英语语言学习规律和符合学生生理、心理特点的自主学习模式，使学生能够自我导向、自我激励、自我监控，使静态与动态结合，基本功操练与自由练习结合，单项和综合练习结合，使学生具有良好的语音、语调、书写和拼读能力，并能用英语表情达意，进行较复杂的交流，具备综合运用语言的能力。

③语言使用的灵活性。英语学习的关键在于使用，教师要通过自身灵活地使用英语来带动和影响学生使用英语。教师应尽可能多地用英语组织教学、用英语讲解、用英语提问、用英语布置作业等，使学生感到他们所学的英语是活的语言。英语教学的过程不应只是学生听讲和做笔记的过程，而应是学生积极参与，运用英语来实现目标、达成愿望、体验成功、感受快乐的有意义的交际活动过程。另外，教师还可以布置灵活性强的作业，应侧重培养学生的实践能力，如可以让学生录制口头作业，轮流运用英语进行值日报告，陈述和评议时事、新闻等。

## （五）文化导入原则

语言是文化的载体，语言离不开文化，语言也不能脱离社会而存在。此外，语言还是了解社会现实生活的向导。通过语言特征和使用过程分析，我们可以了解一个民族的思维以及生活的特点。可以说，语言是每个民族文化的一面镜子，也是文化的一种表现形式。因此，在进行英语教学时要重视英语国家的民族文化和社会习俗，帮助学生了解中西文化差异，扩展视野，不穷追，不回避，也不胡乱解释或更改。学英语是为了用英语，用英语是一种文化交际，如果不尊重英语民族的文化，也就很难得体地使用英语，进而会妨碍彼此的沟通。具体来说，在英语课堂中，教师可以通过以下几个方面进行文化教学。

①注意捕捉教材中的文化信息。在日常的英语课堂中，教师应注意随时让学生注意到教材中的文化信息。现行教材中有不少关于英语国家生活方式、历史地理、风土人情、传统习俗、文化艺术、价值观念等方面的对话和课文。教师要注意帮助学生认识到课文中的文化信息。有些课文提供的文化信息可能不够充分，教师可以自己或请学生提供相关信息。学生也可以从网上获得一些英语国家的真实文化信息，然后在班上相互交流，增加自己的文化知识。

②运用真实的场景教授文化知识。不少大学生在英语课堂上才能学习英语，平时很少接触英语语言环境，因此，在遇到与课文相关的文化背景知识时，往往会感到费解。在这种情况下，教师要充分发挥其主导作用，向学生介绍文化背景知识。在课堂教学中，教师可以利用真实的场景将文化知识渗入语言知识的教授。例如：适时组织英文电影欣赏、英语杂志阅读等多种活动。教师在备课时应该精选一些与教学相关的典型文化信息材料，将它们恰到好处地运用到课堂上，力求使教学富有知识性和趣味性，激发学生的求知欲，活跃课堂气氛。例如，放映电影与录像后，要求学生积极地参与有关文化知识的讨论。

③分析中西方文化的差异。中西方的文化差异是影响中国学生学习英语的重要因素之一。在英语教学活动中，教师应该注意培养学生进行本国文化与英语国家文化的对比分析的能力。同时，还应该注意在对比分析活动中，中西两种文化的对比内容需具有可比性。通常情况下，所要对比的对象应该属于同一性质与类型。大的方面如一国与另一国的"产物"相比，小的方面如中西方的节假日对比。在对比时，应该将两种文化中大致相当的一些节日进行对比。在文化对比教学中，教师要充当好教学活动的指导者，充分发挥学生的主动性与积极性。

④充分利用多媒体与网络教学。在英语课堂教学中，教师要充分利用多媒体与网络教学，以便进行文化信息的导入。多媒体能结合教学内容创设栩栩如生的情境，使学生产生身临其境的感觉，有些多媒体还能与学生进行互动式交流，对学习社会文化知识的帮助尤其显著。这就弥补了电视、电影与录像等内容不能密切配合实际教学内容、剪辑费时的缺点。通常情况下，学生是在汉语环境中学习英语及其文化的，因此，缺乏对英语国家语言与文化的亲身感受，文化差异又增加了学习异国文化的困难。利用多媒体技术展示实际的生活情境，可以让学生在真实的学习环境中了解英语国家的政治与文化。

## 二、高校英语课堂教学的过程

### （一）上课阶段

上课是英语课堂教学的中心环节，也是完成英语课堂教学任务的主要手段。组织好课堂教学，对于减轻学生课后的学习负担十分有利。因此，教师在课堂教学中应将学习的内容处理完，将英语的语言点巩固好。

在英语课堂教学开始前，教师应懂得语言课堂教学的基本结构，如开始教学、安排教学活动的顺序、确定进度、结束教学等。在课堂的开始，教师要简要回顾以前所学的内容，陈述教学目标，吸引学生的注意力。进入正题后，有很多项活动，这些活动要按照先简后繁、先理解后运用、先学规则或先进行机械操练后从事重意义的交际、先重准确后重流利等原则进行。在具体的英语教学中，教师也要采用不同的教学方法和模式，以切实保证学生英语水平的提高。

1. 上课过程

①以问题为驱动，进行启发诱导。常言道：学起于思，思源于疑。问题是激发思维、活跃课堂气氛的原点，有疑问才会有探究，有探究才能释疑解惑。知识

学习的一般规律，都是从问题开始，在解决问题中获得提升与发展。高校英语教师在进行英语课堂教学时，应避免平铺直叙，要以曲径通幽、峰回路转的方式对大学生进行启发引导，步步深入地引导大学生不自觉地沉浸于英语课堂学习之中，使其能自发、主动、积极地参与到课堂教学中来，高效、顺利地学习和掌握英语知识与技能。

②开门见山切入主题，直截了当明确目标。高校英语教师应条理清晰地向大学生介绍课堂教学目标与内容，对于重点和难点进行提纲挈领式讲解，使大学生做到心中有数，主次分明地准确把握教学内容。不过，运用这种教学策略的前提是，大学生对于已学过的英语知识掌握到位，整体学习效果良好，可以快速切入新知识的学习。

③创设特定教学情境，以趣促学。兴趣是求知的先导，教师在充分把握学生学情的基础上，通过创设符合大学生生活、学习实际的教学情境，以角色扮演、悬念设疑、影片观赏、游戏激趣等方式，来迅速集中大学生的注意力，使其快速进入学习状态，在意兴盎然中轻松、愉快地把握课堂教学目标、内容与步骤，为接下来的课堂教学实施打下良好的基础。

2. 上课注意的事项

①因材施教。教师要充分分析教材和熟悉教材，针对学生的实际情况来灵活设计教学方案，做到因材施教，以避免学生对课堂产生厌烦的感觉。同时，教学进度的安排也应根据学生的反应进行适当的调整。

②了解学生特点。每个学生都有自己的特点，特点不同、水平不同，对英语课的看法和喜爱程度就有所不同。因此，教师要充分了解不同学生及其在不同阶段的个性特点，根据学生的年龄和阶段来调整教学活动。此外，随着年龄的增长，学生对外部世界有了更多的了解，自我意识开始增强，因此课堂教学应逐步培养学生的竞争意识，使学生认识到学习英语的积极意义，培养学生形成良好的学习习惯，使学生有意识地观察自己的进步，向更高的目标发展。

③争取学生的配合。教师只是一味地在课堂上讲，起不到应有的教学效果，因为课堂教学活动是一项交互式教学活动，学生对教师知识水平和教学方法的态度对课堂活动的实施起着至关重要的作用。也就是说，教师和学生通过课堂进行相互了解，课堂教学的质量取决于两者的密切配合。在有限的课堂时间内，教师很难做到给每个学生作答的机会，但要注意，不能每次课都向固定的学生提问，

这样会打消其他学生的积极性，进而会影响教师与学生之间的配合。在此期间，教师要适当照顾学习有困难的学生，当问题比较简单时，应把作答的机会留给他们，以提高他们的自信心和学习的积极性。

④和蔼可亲。教师的眼神和举动是组织教学的重要手段之一，可以有效节省语言和时间。因此，教师的神态要安详，要做到平易近人，时刻面带微笑，注视全班，留意每个学生的一举一动。不同内容和教学方式的课堂教学应该用不同的身体语言。

⑤突出重点，兼顾一般语言点。严格来讲，英语课堂中语言成分的教学没有什么重要与不重要之分，每一个知识点都对语言的正常运用起着重要的作用。但课堂的时间是有限的，不可能将所有涉及的语言点都一一练习。新出现的词汇与句型等都需要掌握。词汇的记忆仅靠一堂课是难以完成的，需要学生进行课前预习和课后复习，但句型的运用必须在课堂上完成，一堂课结束后必须使学生记住几个典型的句子，并能做到脱口而出。因此，教师在教授的过程中，要突出重点，同时兼顾一般的语言点。

⑥承前启后。在英语课堂教学中，教师不能孤立地进行一个单元的教学，因为单元前后都是相互联系的。因此，教师应尽量创造机会运用已经学习或正在学习的重要句型，加深学生的印象，适当地将相关的句子放在一起让学生进行参考。此时不宜进行语法分析，避免学生的注意力因此而分散。

⑦设计随堂测验。短短两三分钟的听写或回答问题作为课堂效果的记录，可以为下一次课的设计提供一定的参考。因此，教师在课堂结束时可以设计一些短小的随堂测验，在检查学生掌握情况的同时，为下一节课打好基础。

## （二）提问阶段

提问是英语课堂中的一个关键环节，它对语言的习得起着积极的促进作用。但有关提问的一些方面，如问题的类别、等待时间的长短、提问过程的控制、问题的反馈等对课堂教学可以产生积极的影响，也可以产生负面的效应。在一定程度上，课堂教学中的提问策略决定着课堂教学的有效性。

提问是组织教学的重要手段之一，可适用于课堂教学的各个阶段。

①可作为教师引出主题的手段。话题是课堂活动的聚焦点，英语课堂从听、说到读、写的各种活动都是围绕一个话题进行的。话题在课堂活动中有着重要的意义，它可以增强活动的吸引力，使活动更富有意义。将提问运用到英语课堂教学中，可帮助教师引出课堂教学话题。

②可作为阅读课堂教学的主要手段。阅读教学通常由阅读前、阅读中和阅读后三个阶段组成。而且，课堂教学中的各个阶段都围绕着要解决的问题来展开。在阅读前阶段，教师可通过提问引出课堂中要说的话题，激活学生已有的知识结构，组织学生对文中内容进行预测。在阅读中阶段，教师可以通过提问给学生布置探究任务，组织学生阅读文章，寻找问题的答案。在阅读后阶段，教师可通过提问，让学生描述和回顾文中的人物、事件等，也可以组织学生运用文中知识来介绍自己的经历，阐述自己的观点。

### （三）助学阶段

助学阶段教师通过反思整个教学流程中的问题，进行教学调整，学生通过巩固练习对课堂学习内容进一步理解记忆。教师根据不同学习内容为学生布置有针对性的课后巩固延伸任务。这个阶段任务布置应遵循线上线下结合原则、层次化原则。课后任务的形式主要包括纸质文本、在线检测、学习打卡、思维导图等。课后任务的内容包括练习题、实践活动、内容总结等。学生通过丰富多样的课后任务进一步吸收知识点，保持学习兴趣，提高语言应用能力。

高校英语课外辅助练习是课堂教学的延伸和拓展，一般来说，英语课外辅助练习分为书面练习、口头练习和写作练习。口头练习主要是练习英语口语表达，以提高大学生的英语语言交际能力、应变能力；写作练习则主要是对所阅读的课外内容进行书面总结、感悟，以提高大学生的书面表达及语用能力。高校英语教师在设计课外辅助练习时，应注意以下几点要求。

第一，明确课外辅助练习的目的、时间及重难点，使学生做到心中有数，自觉地按照教师的要求进行课外练习。针对课外辅助练习中可能出现的重点和难点，教师要给予适当的启发与指导。

第二，课外辅助练习要建立在课堂教学内容基础之上，要有助于学生巩固和加深理解课堂所学知识，并适当进行技能、技巧的提升，达到触类旁通和能力提升的目的。课外辅助练习的内容应当具有典型性和代表性，防止劳而无获。

第三，课外辅助练习的数量要适当。由于课外辅助练习的效果与质量不易检查和评估，因此，在布置课外辅助练习的时候，教师应本着精准、合理的原则，既能保证大学生有效完成，达到复习巩固、再学习的目的，又不增加大学生的课外作业负担。

第四，难易适度，因材设计。课外辅助练习的设计应当难易适度，最好以全班大多数学生能独立完成为度。高校英语教师可以根据大学生的具体情况，进行个性化课外辅助练习设计，根据大学生的实际特点，有针对地布置不同的课外辅助练习作业。例如，对于英语学习能力强、成绩优良的学生，可以适当增加练习的难度，以促进其英语水平的进一步提高；对于英语基础相对较弱的学生，可以在巩固所学知识基础上，进行适当的拓展，避免因难度过高而降低学生课外练习的积极性。

需要特别强调的是，在课外辅助练习方面，高校英语教师应当顺应大学生思维与能力的发展规律，做到激趣和促学相统一、善教与善学相结合，引导大学生会学、善学、乐学，如此才能使英语课堂教学取得良好的效果。

# 第二章　高校英语课堂教学的现状与发展

课堂是学生学习知识和提高能力的主要场所。高校英语课堂教学虽然取得了一定的成绩，但仍存在一些问题，教师要不断思考，不断反思，总结经验教训，重视提高学生的能力，提高教学效率。本章分为高校英语课堂教学的现状、影响高校英语课堂教学的因素、高校英语课堂教学的发展走向三部分，主要内容包括大学英语"教"的现状、大学英语"学"的现状、大学英语考试的现状、科技整合、人才资源融合等。

## 第一节　高校英语课堂教学的现状

### 一、大学英语"教"的现状

高校英语教学改革对大学英语教师提出了更高的要求，因为教学工作和教学改革的实施者归根到底是教师。而一些高校外语教学的现状不容乐观，其首要问题就是教师的问题。近年来高校扩招，几乎所有高校的全日制班级和学生人数都在剧增，许多高校一改往日的"小班教学"为"大班教学"或"组合班教学"，这对以学生为中心、注重实践的互动型英语教学方式的实施是不利的。实施小班教学是保证英语教学效果的重要措施，然而往往又受制于师资不足。根据大学英语教学指导委员会的统计，我国讲授大学英语课的师生比约为1：130。为缓解这一矛盾，有些院校大量引进刚毕业的年轻教师。这些教师没有经过系统培训就直接走上讲台，由学生到教师的转变不得不在讲台上、课堂上来完成。

除了教师人员不足外，另一突出的已在教学工作中显露出来的问题是教学理念问题。英语教学的发展和社会的发展是同步的。大家都在感叹社会发展步伐之大，却很少意识到英语教学也要跟上去。英语教学要发展首先要改革，而改革首先要进行教学理念的改革。没有先进的教学理念，就不会有科学的教学手段，也不能建立有效实用的教学模式。虽然现在倡导"以人为本""以学生为中心",但教师在滔滔不绝,学生在沉默不语,教师在大力地"授之以鱼",学生在张大口袋"受鱼"的现象依然存在。

目前,高校英语教学中流行的教学模式叫作"新传统教学模式"。传统教学模式基本是以教师为中心、以教材为中心,师生之间的交流少之又少,学生的个体差异、个性心理特点,尤其是语言认知能力和知识经验没有得到应有的重视,过分强调听说、阅读、写作单一部分的学习。而"新传统教学模式"的"新"是指近几年一些学校为高校英语教学提供了为数不少的多媒体教学设备,购置了多媒体教学软件,教师对这些新设备、新软件进行了使用,只是使用的方法局限于把教案上写的、传统教学中写在黑板上的投影到屏幕上,原来由教师念的句子现在只要点击相应图标就可以,同时教师也由原来的站着上课的教态变成了坐着上课的新教态。除此之外,还有一些教师一直扮演着教学中的主角,并没有改变其传统的角色。

另一值得关注的问题是,现行的教师职称评估体系不注重教学效果评估。随着国内大学的转型,如从教学型转到教学研究型或研究教学型,高校教师不仅要具有博士学位,而且还要在核心期刊上发表一定数量的论文才能评高级职称。英语学科的刊物本身数量就少,而全国有那么多的教师和英语专业的研究生,千军万马都要过这座"独木桥",其难度可想而知。

此外,这些刊物往往以学术含量高低来决定论文录用与否。不幸的是,教学类文章常被视作学术含量低的,往往登不上这些"大雅"之堂。于是,为了"阳春白雪",教师要钻研一些与课堂教学无关的高深理论,这不仅不利于教师将工作重点放到教学上,客观上还起到了相反的作用。这种现状对教学质量的影响可想而知。

## 二、大学英语"学"的现状

随着高校办学规模的扩大,学生的来源越来越广,学生入校时英语水平的差异也越来越大。其中一些学生入校后不久就失去了英语学习的兴趣。

有相当一部分学生对大学英语存在错误的认识,他们认为专业课才是重要的,英语课不过是一门副科而已。由于教师人员的不足及学院管理的限制,高校英语课大多采取混合班级、大班授课的形式。在偌大的班级里,学生入学英语水平差异过大,而教材是统一的,教学进度是统一的,难以因材施教,难以开展有针对性的教学，造成基础好的学生"吃不饱"，基础差的学生"吃不消"，处于两端的学生都很难进步。

当然，也有些高校采用了"分级教学"的形式，而英语基础差的学生很难适应多媒体教学中容量大、高强度的信息交换。面对多媒体教学中大量的语言资料，有些学生往往不习惯自己取舍、自己组织，结果是学生学了半天，收效很小，严重影响了教和学的效果。

而且，有些学生依赖性太强，在学习上缺乏自主性和积极性，不能主动发现问题、提出问题，只会按照教师的要求去完成作业，并且有一些学生连教师布置的作业都不认真完成。

另外，大学非英语专业的英语教学时间和条件是有限的，一般大学的英语教学只有240～280学时。再者，有些学生在学习行为方面没有主见，他们对传统教学方法感到失望，为学了英语不能用而苦恼，但他们还是习惯于听课、记笔记而不"消化"，死背单词而不活用，做题只会做选择题而不会其他，课堂上只会沉默而不愿动口动手。

## 三、大学英语考试的现状

大学英语考试一般指全国大学英语四、六级考试，它用来检验大学英语教学大纲的落实情况，是为教学服务的考试。客观地说，四、六级考试在设计原则、质量控制、数据处理、考试信度和效度、实施因素等方面进行了有关论证研究并取得了一定的成果。该考试自20世纪80年代开始实施，其最大贡献是使全国高校意识到了英语教学的重要性，但它所带来的影响是始料不及的。教育部高教司副司长在谈到高校英语测试改革时指出："四、六级考试在社会上产生了较大影响，对大学英语教学起到了一定的促进作用。但是，我们不赞成把四、六级考试与毕业证书和学位证书挂钩的做法。""四、六级考试是公共英语教学改革的指挥棒……我们应看到四、六级考试所产生的正面作用和巨大影响。但对于四、六级考试中不合理部分和阻碍公共英语教学改革的部分，我们应该坚决地改掉它。为配合新教学模式的改革，也必须对四、六级进行改革。"

然而，有考试就会排名次，尤其是全国性考试，其名次就显得更加重要。虽然考试组织者并未说过要排名次，但事实上却给各高校，无论是领导、教师还是学生都带来了巨大的压力。从20世纪90年代起，国家实施"211"工程，高校纷纷参与评比，面对许许多多教学检查、评估，四、六级考试"身价"渐增，被赋予了更多的内容，甚至成为考核该校教学乃至学校的一项重要指标。一些学校为了体现教学水平高,强行将统考成绩与毕业证书挂钩,迫使学生花大量的时间和精力学习英语,然后将通过率作为教学效果好的依据和指标对外宣传。一些学校不约而同地大抓四、六级通过率,纷纷制定"土政策":拿学位得过四级,过六级也成了学生获得保送研究生资格的必备条件之一。

同时,有些招聘单位也把学生通过四、六级作为他们用人时优先考虑的条件。于是学生不得不花大量的时间应付四、六级考试。教师也感到压力很大,千方百计地帮助学生提高应试技巧,英语课堂自然成了以教师为中心的"一言堂"。

## 第二节 影响高校英语课堂教学的因素

### 一、教学目标因素

教学目标具体指的是教学目的和人才培养的具体化要求,它是教学目的、学校的人才培养目标得以实现和确保教学活动有秩序运行的首要因素。按照不同的标准,可以将教学目标分为不同的类型。

如果从人力发展这一角度分析,可将教学目标分为以下三种,如表 2-1 所示。

表 2-1 人力发展角度的教学目标分类

| 序号 | 目标类型 |
| --- | --- |
| 1 | 智力发展目标 |
| 2 | 心力发展目标 |
| 3 | 体力发展目标 |

如果从课程的角度分析,可将教学目标分为以下几种类型,如表 2-2 所示。

表 2-2 课程角度的教学目标分类

| 序号 | 目标类型 |
| --- | --- |
| 1 | 学校总体教学目标 |
| 2 | 各学科课程教学目标 |
| 3 | 学年教学目标 |
| 4 | 学期教学目标 |
| 5 | 单元教学目标 |
| 6 | 课时教学目标 |

从课程角度对教学目标所做的分类较好地反映了学校对教师与学生、教师对学生、学生本人在某一特定阶段、时间点上的基本任务、具体要求和预期达到的教学效果。

## 二、教学对象因素

### （一）教师

教师是高校英语教学的重要因素，在英语教学中起着主导作用。在英语课堂中，教师主要扮演两种角色，即调控者和引导者。一名合格的英语教师首先应该掌握纯正的发音。然而，并非所有的英语教师都具有纯正的发音，所以教师可借助广播以及多媒体等手段来弥补自己的不足，确保学生在课堂上所听的内容的发音都是纯正的。同时，教师在讲解单词、句子、课文时，应该穿插一些解释，对于难懂的词语要重复讲解。

在多数英语课堂上，教师的讲话占据课堂大部分的时间。不可否认，教师的讲话有利于学生语言习惯的形成，但也不能因此牺牲学生的练习时间。同时，教师还要注意不断变化教学形式，以增强课堂的趣味性。一名合格的英语教师还应具有一定的应变能力，能预测课堂活动中出现的状况，能很好地处理课堂上的突发事件，确保课堂活动的有序开展。

教师应该随时调整自己的提问、语言运用、提供反馈的方式。在英语课堂中，提问是常见的一种教学手段。通过提问，可以有效激发学生的学习兴趣，促使学生积极思考，帮助教师对某些知识结构进行诱导。

语言运用的方式也很重要，为了让学生对教师讲述的知识有一个充分的了解，教师在教学中可以采用重复话语、降低语速、增加停顿、改变发音、调整措辞、简化语法规则、调整语篇等措施。

学生是英语教学的重要反馈者，同样，教师的反馈也是十分重要的。所谓提供反馈，就是指教师为学生的学习情况提供反馈。教师的反馈可以是对学生话语的回答，如表示学生回答正确或错误、赞扬鼓励、扩展学生的答案、重复学生所答、总结学生回答等。

总之，教师的目的就是采用不同形式的教学方法，调动学生的积极性，扩展学生的知识面，培养学生的学习能力，提高整体教学效果。

## （二）学生

1. 角色定位

在英语教学中，学生主要扮演以下几种角色。

（1）主人

学生是英语教学中的主人。学生对知识的探索、发现、吸收以及内化等实践活动都有利于知识体系的构建。

（2）参与者

学生还是英语教学的参与者，在英语教学中应以积极主动的姿态参与到各项具体的教学实践活动中，积极思考、勤于表达，并在活动中充分展示自己的才能，提高自己的沟通、理解、协调能力。

（3）合作者

英语教学是在师生之间及学生之间进行的，因而团队合作是不可缺少的。在合作中，他们可以相互学习、相互帮助、共同提高。

（4）反馈者

在英语教学中，学生的反馈信息是教师改进教学的一个重要依据，学生可以结合自身的学习经历，就教学方法的实用性给教师提出建议或意见，并协助教师改进和完善教学内容和教学方法，从而提高教学效果。

2. 个体差异

教育以培养人为根本目的，教师应根据学生的个体差异选择适合的教学材料和方法，制订相应的教学计划。因此，掌握学生生理、心理发展的规律和个体差异对教学实践而言意义重大。学生的个体差异主要表现在以下几个方面。

（1）语言潜能的差异

潜能是一种固定的天资，某些人的潜能较其他人有更高的水平。有这种能力的人，在语言学习方面可能会更快取得进步。美国心理学家卡罗尔认为，语言潜能包括以下内容。

①语音编码、解码的能力，即关于输入处理的能力。

②归纳性语言学习的能力，它是有关语言材料的组织和操作的能力。

③语言敏感性，它是从语言材料中推断语言规则的能力。

④联想记忆能力，它是关于新材料的吸收和同化的能力。

每个学生的语言潜能都存在差异。在英语教学过程中，教师应了解学生的语言潜能，做到因材施教，使学生针对不同的学习任务在不同场合发挥各自的长处，以收到事半功倍的效果。

（2）认知风格的差异

认知风格具体指的是个体在认知过程中所表现出来的习惯化的行为模式。更进一步说，就是个体在进行接收、储存、转化、提取和使用等信息加工过程中所表现出来的认知组织和认知功能方面持久一贯的风格。不同的学习者通常具有不同的认知风格，并且不同类型的认知风格往往也有着不同的优势和不足，没有绝对完美的认知风格。同时，认知风格和学习者的成绩之间也不存在必然的联系。

认知风格通常会对教学活动产生相应的影响，具体表现在以下两个方面。其一，认知风格会影响学习者的学习策略和教师教学策略的选择。其二，当学生的认知风格和教师的教学风格、学习环境中的其他因素相吻合时，学生的学习成绩会更好。因而，为了使教学活动得以有效开展，教师不仅应充分了解和尊重学生不同的认知类型，而且教师还应将自己的教学特点同学生的认知特点有机结合起来，结合不同的学习任务、学习环境因材施教，妥善引导，借此来优化教学效果。

（3）情感因素的差异

情感因素差异主要涉及以下三个方面。

①学习动机。学习动机是指激发个体进行并维持已引起的学习活动，并使其行为朝向一定的学习目标的一种内在过程或内部心理状态，是直接推动学生进行英语学习的内部动力，是影响英语学习成绩的一个关键因素。学习动机来源于学习活动，也是学习活动得以发动、维持、完成的重要条件，并能影响学习效果。

②性格。性格是指一个人对现实的态度和行为方式表现得比较稳定但又可变的心理特征，是学生重要的情感因素，也是决定其英语学习成功与否的关键因素之一。人的性格大体可以分为外向型和内向型两种。美国临床心理学家艾利斯认为，外向型的学生擅长交际方面的学习，因其喜欢交际，不怕出错，能积极参与英语学习活动，并在活动中寻求更多的学习机会；而内向型的学生在发展认知型学术语言能力上更占优势，因其善于利用沉静的性格从事阅读和写作。对于教师来说，研究学生在性格上差异的最终目的是充分了解学生的个体差异和不同的心理状态，发挥不同性格学生的优势，因材施教，以获得更理想的教学效果。

③态度。态度就是个体对他人或事物的稳定的心理倾向或为达到某种目的而做出的努力，它是影响学习效果的重要因素之一。学习态度一般包括情感成

分、认知成分和意动成分。所谓情感成分，就是对某一个目标的好恶程度；认知成分是对某一个目标的信念；意动成分是对某一个目标的行动意向以及实际行动。

通常来讲，学习者要想获得好的外语学习效果，应该对异质文化具有好感，渴望了解其历史、文化和社会习俗等。相反，学习者对外族文化抱有轻蔑、厌恶甚至仇视的态度，那该族语言是学不好的。

此外，学生对学习材料、教学活动的组织形式及对教师的态度都会影响到他们语言学习的效果。分析学生的个体差异有利于教师制订合理的教学计划，选择适合的教学材料及方法。

3.成功的英语学习者的特点

成功的英语学习者具有以下七个特点。

①认真并愿意听教师讲课，坚持做笔记，对教师讲过的单词、短语、句子和课文等定期进行复习。

②具有冒险精神，能大胆地运用所学知识，不怕犯错，对于教师的纠正有较好的态度。

③善于思考，可以用英语思维来考虑问题，能将所见所闻与学过的英语知识联系起来。

④懂得通过与教师的交际来提高自己的英语水平，主要表现在经常提问、积极发言。

⑤有适合自己的学习方法，并且彼此之间存在差异。例如，有的学生喜欢早上背单词、课文，有的学生则善于睡前背单词、课文。因此，学习者应该善于寻找和琢磨适合自己的学习方法和时段。

⑥有长远的学习目标，近期目标比目前学习的内容更加深入，善于充分利用有限的课堂时间与老师和同学进行交流。

⑦懂得安排自己的课后时间，懂得学习英语需要持之以恒的态度。

## 三、教学内容因素

教学内容是指在教学活动中为实现教学目标，师生共同作用的知识、技能、技巧、思想、观点、概念、原理、事实、问题、行为习惯等的总和。教学内容是一种特殊的知识系统，既有别于语言知识本身，又不同于日常经历；既要考虑英语学科本身的知识体系，又要考虑学生的年龄特点和实际需求等。通常来讲，英语学科教学内容主要包括以下五个方面。

## （一）语言知识

英语语言知识是英语综合运用能力的有机组成部分。语言知识是语言学习和语言运用的重要内容之一。英语语言能力的形成是以语言知识为基础的。

## （二）语言技能

英语语言技能主要包括听、说、读、写四个方面，它们是形成综合语言运用能力的基础和必要手段。"听"的技能就是分辨和理解话语的能力，"说"的技能就是运用口语表达思想、输出信息的能力，"读"的技能是指辨认和理解书面语言的能力，"写"的技能主要指运用书面语表达思想、输出信息的能力。在大量听、说、读、写等专项及综合性训练中，学生将会逐步提高这几种技能的综合运用能力，为真实的语言交际奠定基础。

## （三）情感态度

情感态度是指兴趣、动机、自信、意志和合作精神等影响学生学习过程和学习效果的相关因素。积极的情感态度有利于发挥学生潜在的各种能力；相反，消极的情感态度会阻碍语言学习能力的养成。因此，教师在教学中应不断激发并强化学生的学习兴趣，引导他们逐渐将兴趣转化为稳定的学习动机，从而形成积极的情感态度。

## （四）文化意识

文化意识是指所学语言国家的地理、历史、风土人情、传统习俗、生活方式、文学艺术、行为规范、价值观念等。对于英语学习者来讲，接触和了解英语国家的文化可以加深其对英语语言的理解和使用，提高其人文素养，培养其世界意识。因此，教师在英语教学中要注重对学生文化意识的渗透，根据学生的年龄特点和认知能力，传授文化知识，培养文化和世界意识。

## （五）学习策略

学习策略是指学生为有效地学习和发展而采取的各种行动和方法。英语学习策略主要包括认知策略、调控策略、交际策略和资源策略等。培养学生的学习策略可以促使他们进行有效学习，并能为终身学习奠定基础。好的学习策略可以改进学习方式、提升学习效果，还能使学生学会如何学习，从而形成自主学习能力。

因此，教师要帮助学生形成自己的学习策略，对自己的学习过程和效果进行监控和反思，培养学生根据学习风格调整学习策略的能力，引导学生善于观察他人的学习策略，乐于尝试不同的学习策略。

## 四、教学方法因素

教学方法是教师和学生为了实现共同的教学目标，完成共同的教学任务，在教学过程中运用的方式或手段的总称。从古至今，英语教学中出现过不少教学方法，并且它们都在英语教学中发挥过作用。然而，事实证明，教学方法没有最好的，只有最有效的。

具体地说，英语教学中采用固定的、一成不变的方法，将会引起学生的反感，也会降低英语教学的效率。因此，英语教学所采用的方法应具有灵活、多样等特点，要对各种语言技能有所侧重，这样才能全面提高英语学习的能力。

## 五、教学评价因素

### （一）课程测试评价体系综述

现代高校英语教学主要采用"问题解决型"和"任务型"教学法，以培养学生听、说、读、写、译英语综合应用能力和研究能力为主要目标。课程强调以学生为学习主体，在教师引导下，借助计算机网络技术，以小组合作的学习形式进行个性化、自主式的研究性学习。在实践性探究学习过程中提高和增强英语综合运用能力、自主学习能力、研究能力以及综合文化素养。

针对这一课程特点和目标，我们构建了与之相适应的、综合多种评价方法的整体评价体系。和传统的大学英语课程测试评价体系相比，新的评价体系重参与、重过程，兼顾阶段评价和综合评价，整合形成性和终结性评价，不仅能客观准确地反映学生在学习过程中的参与度、态度、方法和成效，而且有利于监控学习过程，发现学生学习过程中的需求和问题，帮助教师获取教学反馈信息，及时调整教学方案，同时帮助学生调整英语学习策略、改进英语学习方法、提高英语学习效率。

### （二）评价内容

1. 学生的研究性学习成果

学生自主选题完成的研究性项目成果是评价检测的最主要内容之一。评价内容包括学习过程中的阶段成果（开题报告、调查问卷、访谈问题、口头展示的框架等）和最终结果（研究过程和结果的口头展示、研究报告）。评价体系通过运用多项手段评价学生的研究能力（发现问题、设计项目、获取信息、分析数据、解释数据、解决问题）和语言的综合运用能力（开题报告和项目报告撰写，研究成果口头展示，资料的英汉互译等）。

2. 学生的学习态度和参与度

我们可以通过教师观察、组长评价、组员互评，对学生的参与状况、参与意识、学习态度进行记录和评价。在评价的过程中，一定要按照统一的评判标准对学生的学习态度及学习参与度做出及时的评价，以达到及时督促学生学习的目的。

3. 学生的自主学习和小组协作学习能力

我们可以通过学生的反思报告和档案袋，评价学生自主学习的规划和管理以及小组协作能力。教师在进行评价时一定要将学生的自主学习和小组协作学习能力考虑在内，从而引起学生对于自主学习和小组协作学习能力的足够重视。

### （三）评价方法

1. 终结性评价

终结性评价，即对学生的研究过程和结果的口头展示和书面报告进行重点评价，公开透明地评判学生的研究能力和语言运用能力。

2. 阶段性评价

阶段性评价包括设定开题展示、中期检查和期末考核（口头陈述研究过程和结果，提交书面研究报告）三个主要环节，能全面细致地监控整个研究性学习的过程，评价学生在各个阶段的进展和表现。

3. 综合性评价

综合性评价是指，综合小组得分、个人得分、教师评分、组长评分和同伴互评，对每个学生在学习过程中的表现和对学习成果的展示做出综合评价。

4. 教师评价和同伴互评

这种评价方法是指，以教师评价为主，结合各个阶段的同伴互评以及组长对整个学习过程的记录，对每个学生进行综合评分。

## 六、教学环境因素

### （一）教学环境的要素

教学环境是一个由多种不同要素构成的复杂系统。广义的教学环境是指影响学校教学活动的全部条件，它包括物理环境和心理环境；狭义的教学环境是指班级内影响教学的全部条件，包括班级规模、座位模式、班级气氛、师生关系等。在此，我们将教学环境的要素总结为以下几个方面。

1. 社会环境

社会环境是影响和制约外语教学的重要因素，它主要涉及社会制度、国家的教育方针、科学技术水平、经济发展状况、人文精神、外语教育政策、社会群体对英语学习的态度以及社会对英语的需求程度等。英语教学发展的主要动力就是社会环境，它对英语教学有着极强的导向作用。

2. 学校环境

为学生提供学习场所和学习手段的最佳环境就是学校。学校环境对英语教学的影响是最重要和最直接的，它决定着多数学生英语学习的成败。学校环境主要涉及课堂教学、接触英语时间及频率、班级的大小、教学设施、教学资料、英语课外活动、英语教师及其他教职工对英语的态度及其英语水平、校风班风和师生人际关系等。

3. 个人环境

个人环境也会对学生的英语学习产生一定的影响。个人环境一般包括学生拥有的英语学习设备，以及学生的家庭成员和朋友的社会地位、文化水平、职业特点及其对英语学习的态度、经验，等等。

### （二）教学环境对英语教学的影响

良好的教学环境对英语教学有以下几个方面的影响。

①能够使教师在教学中充分利用现代化教学设备，提高学生对英语语言的运用能力。

②可以帮助教师正确认识环境对学生英语学习的影响，结合我国英语教学的现状，理性地分析、判断和选择其他国家英语教学的理论和方法。

③可以帮助教师有效地加工语言输入材料，科学地设计语言练习，创造良好的课堂英语使用环境。

④有利于教师不断学习和实践优化课堂教学环境的策略，在创设良好的英语教学环境的过程中，提高其自身的教学素质。

## 第三节　高校英语课堂教学的发展走向

### 一、科际整合

英语教学属于应用语言学的研究范畴。应用语言学是语言理论和语言教学实践之间的一道桥梁，是一门跨学科的综合性学科，它吸收了教育学、语言学、社会语言学、心理语言学、脑科学以及其他相关学科的研究成果，用来解决外语教学的问题。

#### （一）语言学是对语言的科学研究

语言学的研究内容包括语言的本质构成、意义以及如何使用语言，其分支主要包括语音学和音系学、词汇学、句法学及语义学。语言学理论可以有效地帮助我们正确、科学、全面地认识语言，从而形成正确的语言观。而不同的语言观对于英语教学具有决定性的影响。我国著名语言学家和外语教育家桂诗春曾经讨论了三种不同的语言观及其对外语教学的影响。

1. 语言是一种技能

语言是一种技能，和游泳、骑自行车没什么两样。既然是技能，就有训练技能的方法。例如，把外语学习的目标定为培养语言习惯，达到"自动化"的程度。因此，在课堂教学中，教师的任务是组织好语言训练，而学生的任务则是积极地参加训练。

2. 语言是一门知识

语言是一门知识，和历史、地理这样的科目相差无几。既然是知识，就有学习知识的方法。例如，学习靠领会和理解，以便了解事物的内在联系和规律。因此上课要留心听讲，认真记笔记，课后要复习笔记。许多人就是把英语作为一门知识来教授的，他们强调记忆单词，甚至去背词汇表和小词典，强调理解和记忆语法规则。在学习过程中，他们很重视记笔记及积累知识。

3. 语言是一种社会规约

语言是一种社会规约。语言是为适应社会中各个成员的生活需要而产生和发展的，词怎样通过声音来表示意义、句子如何通过语法规则来表达概念都是约定俗成的。学习英语就是要大量地接触语言，观察和领会英语母语使用者是怎样进行交际的。持有这种观点的人更加重视语言的使用，注意学习在不同的场合使用不同的语体。

上述三种观点都从不同的角度看待语言，都有其自身的道理，但是如果取其一点、不及其余就会失之片面。

### （二）英语课堂教学与教育学理论之间的关系

英语教学是整个教育体系的组成部分，是在一定的教育环境中进行的。教育学理论具有普遍的意义，应该被广泛地应用到英语教学之中。另外，英语教学与其他学科的学习也具有密切的联系，我们不能只强调英语教学的特殊性而忽视了教育学的普遍规律对于英语课堂教学的指导意义。

### （三）社会语言学研究语言与社会之间的关系

社会语言学从不同的社会科学的角度去考察语言，进而研究在不同社会条件下产生的语言变异。社会语言学的研究对英语教学具有很大的影响，英语教学目标的确定、教学大纲的制订，以及教学内容和教学方法的选择都需要借鉴社会语言学的研究成果。

当然，英语教学涉及的学科还远不止这些，还包括计算机科学、认知科学、教学技术等许多相关的学科。要想建构一种适合我国国情的、完整的英语教学理论体系，就需要我们对相关的学科进行充分的研究并将其融合于英语教学之中。这实际上也对我们的英语教学科研人员提出了更高的要求。

## 二、工具资源整合

任何具有工具意义的应用软件都可以纳入整合的视野。因此，比起科际整合，工具资源整合相对要单纯些。根据教学不同环节的需要，工具资源整合的对象可以归纳为以下三大类。

①教学准备型软件。这类软件可以帮助教师在教学准备阶段准备提供给学生的多媒体材料，如 Word、PowerPoint、Flash、Photo Editor、Dreamweaver、CD Wave Editor、Ulead VideoStudio 等。

②教学演示型软件。它与第一类软件有重叠，但相对单纯。因为一般的制作软件都有演示功能，而且用不同软件制作的成果可以用单一的软件进行演示。

③教学评价与管理软件。如各种统计软件、电子表格、考试系统、出卷系统等。

## 三、人才资源融合

人才资源的融合主要包括两层含义：一是英语教学界从事不同阶段英语教学的人员之间的融合；二是英语教学及科研人员与其他相关领域的教学及研究人员的融合。英语教学理论与方法需要多学科的融合，而这种融合的完成单靠从事英语教学与科研的人员是难以实现的。这就要求他们能够与从事相关学科研究的科研人员进行协作配合。一方面，我们可以把研究成果与从事相关学科研究的科研人员进行交流，并请他们从自己学科的角度提出意见；另一方面，来自不同学科的研究人员可以相互合作，共同开展课题研究。

事实上，从小学到大学，英语课堂教学应该是一个完整的过程。但是由于教育体制的原因，我们人为地把英语学习分为小学、初中、高中和大学等不同的阶段。目前的状况是各个阶段各自为政，从而造成各个阶段衔接不紧密、分工不明、职责不清的现象。清华大学外语系"一条龙"课题小组以及其他单位曾经对此现状进行过比较全面的研究，引起了有关部门的重视，但是各个阶段各自为政的情况并未得到根本改变。要探索适合我国国情的英语教学之路，需要我们把小学、初中、高中和大学的英语教学与科研人员团结起来，使他们能够经常沟通、互相了解，并能够互相合作。

另外，人才资源的融合还涉及教学人员和科研人员融合的问题。目前我国从事英语教学与科研人员的基本现状是，大量的一线教师具有丰富的教学实践经验，但是理论和科研能力还比较欠缺；而从事科研的人员虽然具有一定的理论基础和科研能力，但是又往往缺乏必要的教学经验或者对具体教学情况的全面了解。

因此，我们需要把教学与科研融合起来，一方面，努力提升一线教师的理论素质，提高他们的科研能力，使他们成为英语教学的实践者和英语教学与学习规律的研究者；另一方面，教学与科研人员需要互相合作、取长补短，共同探索具有中国特色的英语教学理论与方法。

## 四、远程教育成为热门

随着计算机和互联网的普及，网络英语家庭远程教育如雨后春笋般兴起。远程教育之所以能成为热门，是因为它具有以下优势。

### （一）教学开放

网络远程教育无时空障碍，任何人都可以选择任何教学内容，以自己喜欢的方式和进度进行学习。基于计算机网络的英语多媒体教学模式为师生提供了开放的多媒体网络环境，把英语学习中的听、说、读、写融为一体，给学生全方位的感官刺激，以提高学习效率。学生可以就听、说、读、写等问题在网络平台上自由地与他人讨论，互相帮助、启发、评估，从而开阔思维，激发学习兴趣，共同提高英语应用能力。

### （二）学习自主

开放性远程教育是以学生为中心开展的个性化学习方式，注重师生或学生之间的相互协作。以学生为中心的学习是主动式学习，学生是学习的主体。

### （三）资源丰富

多媒体计算机网络集文字、声音、图表、视频、动画于一体，使网络教学具有信息量大、资料更新快、多项演示和模拟生动的特征，可以很好地创造生动形象的外部环境，让学生有身临其境之感，能充分融入学习氛围。

# 第三章 高校英语词汇课堂教学改革

词汇教学是高校英语教学中较难把握的项目，同时也是高校英语教学的重要内容，甚至可以说，英语教学的成败取决于词汇教学的成败，而词汇教学的成败取决于词汇教学原则和词汇教学策略能否正确实施。本章分为词汇课堂教学的内容与目标、词汇课堂教学中常见的问题、词汇课堂教学的原则与改革策略三部分，主要内容包括词汇课堂教学的内容、词汇课堂教学的目标、词汇课堂教学的原则、词汇课堂教学的改革策略等。

## 第一节 词汇课堂教学的内容与目标

### 一、词汇课堂教学的内容

词汇课堂教学首先应考虑的是词汇教学的内容。只有首先确定了词汇课堂教学的内容，教师才能围绕此内容有计划、有针对地组织词汇教学。

英国语言教育专家哈默对英语词汇课堂教学的内容做了比较全面、系统的定义。

英语词汇教学包括词的相关信息、意义、用法和语法这四个方面的内容。

### （一）词的相关信息

词的相关信息既包括词的读音、词的拼写形式，又包括词性、词的前缀和后缀等，这既是英语词汇基本的信息，也是学生学习英语词汇时应该掌握的基本内容。

词的读音和词的拼写形式是词存在的基础，同时也是各词相互区别的第一特征。语言中的每个词都有它的声音形式。每个单词都有其形、音、义，而其中的发音应居首位。所以教会词的读音应是词汇教学的第一步。因为如果词的发音不准确，就有可能造成表情达意错误。教师在教英语单词时，首先要教单词的发音，教会学生正确的读音，正确的发音将有助于学生记忆单词。

词的读音既是英语语音教学范围中的内容，又是英语词汇教学范围中的内容。在词汇课堂教学中，教师要注意将词汇的音与词汇的形结合起来进行教学。教师要引导学生将词汇的音、形结合起来进行记忆，从而做到见形而知音，因音而记形。

词的前缀、后缀是非常重要的词汇信息，也是英语词汇课堂教学的重要内容。词的前缀、后缀会影响单词的词义、词类，增加前缀、后缀后，单词的词义、词类往往会改变。可见，了解、掌握词汇的前缀和后缀有助于学生理解、记忆和掌握词汇。

### （二）词的意义

与词的相关信息相比较，词的意义理解要困难得多、复杂得多。从语意角度来讲，母语与目的语之间的差别使一些词的含义就其内涵和外延而言在英汉两种语言中不尽相同。词的意义包括两方面：一方面是指概念意义，也就是词典中所标注的意思，即词的字面意思，又称为词的内涵；另一方面是指关联意义，即一个单词的文化含义及其在具体的语用环境下的意义，又称为词的外延。

一个单词的含义在很多情况下是受到上下文的影响和制约的。在理解单词的含义时，要结合词组、句子、上下文。因为如果离开词组、句子或上下文，就很难理解词的意思，特别是转义。教师在词汇课堂教学中应通过各种手段使学生了解语意和情境之间的关系，使学生学会联系语境理解词义。

### （三）词的用法

词的用法内容广泛，包括词的搭配、短语、习语、风格、语域等。词的搭配是英语词汇教学中非常重要的部分。在具体的语境之中，一个词往往要和某些特定的词汇搭配。例如：conclusion 要与 come to 搭配，而 decision 要与动词 make 或者 take 搭配；有些词组是固定搭配，不能混用，我们可以说 go to school，go to bed，但不能够说 go to home；allow，permit，consider，finish 等这类动词后不能接不定式，只能接动名词。学生熟悉所学词汇的搭配习惯，不仅有助于其灵活运用所学词汇，而且有助于提高其听、说、读、写、译能力。

不同的词其使用场合也可能不同。有些词的使用非常普遍，在许多场合都可以使用，而有些词的使用范围则非常狭窄，在一些谈话中使用属于不礼貌的行为；有些词只能用于口语中，用在正式的语体中就不合适。例如，children，kids 和 offspring 的含义尽管基本相同，但是 children 为中性词，既可以用于口语，又可以用于书面语；而 kids 为非正式用词，一般用于口语；offspring 则是正式用词，一般用于书面语。

有一些英语词汇能够适用于不同场合。但是，即使同一个词汇，若用于不同场合，其意义通常也会因为使用场合的不同而有所差别。例如，我们通常都会用 hot 形容热，这是在书面语中的用法；如果用在口语中，意思就完全不一样了，比如我们说"That is a hot guy"，在这里 hot 是形容一个人身材或是长相很吸引人。词汇还有褒义和贬义之分，例如 politician 和 statesman 都表示政治家，但前者含有贬义。词汇也有抽象和具体之分，例如 clothes 与 coat 都表示服装，但是前者表示"衣服"，而后者指"外套、大衣"，后者表意比前者更为具体。

一般来说，学生在学习词汇时，主要依靠记忆词的基本信息，即词的音、形和义，但词的用法则需要通过大量的实践来进行学习和掌握。

### （四）词的语法

词汇教学的内容还包括词的语法特点，简称词法。词法包括名词的可数与不可数、动词的及物与不及物、及物动词的句法结构等（例如：接什么样的宾语，是接不定式还是动名词，是从句还是复合宾语等），还有形容词、副词的位置等。教师讲解单词的语法特点时，应根据需要指出它的词类。如果单词是名词，要指出其单、复数形式，以及其复数形式的构成方法；如果单词是动词，则要指出该动词的词形变化。如果一个单词是具有双重词性的词，也可加以说明。

## 二、词汇课堂教学的目标

学者经过研究认为，外语学习者在学习外语时，如果所学外语词汇量达到 5000，其阅读一般报刊图书的正确率是 59%；如果词汇量达到 6400，则阅读正确率可达 63%；如果词汇量达到 9000，阅读正确率就可达 70% 以上。可见，词汇量的大小与阅读能力的强弱有着紧密的关系。因此，英语词汇量的多少标志着英语水平的高低以及英语应用能力的强弱。

学生的词汇学习过程是一个不断递进、不断循环的语言技能发展过程。英语词汇学习既包括知识的学习，又包括技能的学习，而且对知识和技能的学习不仅有量的要求，而且还有质的目标。与英语的其他教学目标相比，英语词汇教学的目标更为具体和明确，无论是中小学的课程标准，还是大学的公共英语课程教学要求，或者是高等学校英语专业的英语教学要求，都对词汇教学提出了明确的数量要求以及一定的质的要求。

《义务教育英语课程标准》和与之衔接的《普通高中英语课程标准》对小学、初中、高中各学段的词汇教学目标做出了相应的规定。

《大学英语教学指南（2020版）》对高校非英语专业的词汇教学目标做出了相应的规定。

2000年1月获教育部批准实施的《高等学校专业英语教学大纲》的配套附件——《英语专业四、八级词汇表》对高等学校英语专业的词汇教学目标做出了相应的规定，其中广泛收集了涉及社会生活各个方面的专业核心词汇，约有13000个。

在不同的教学阶段，对于不同的教学对象，词汇教学目标也应该有所区别。但是，在众多的英语词汇中，总是有些使用频率高、实用性较强的词汇，于是就形成了一个最小词汇表。英国语言学家辛克莱尔与雷努夫根据伯明翰语库的英语单词使用频率统计，提出了使用频率最高英语词汇，其中包括200个英语词汇。这可能算是英语词汇教学中最小的词汇表之一。尽管只有200个词，但是毫无疑问，这个最小词汇表为英语教师进行英语词汇课堂教学提供了一个参考核心，对英语词汇教学起到了一定的辅助作用。

为了有助于明确英语词汇学习的目标，以及更有效地进行词汇教学，我们还可以对词汇进行细化，把词汇分成听力词汇、口语词汇、阅读词汇、写作词汇四个方面。

对于英语学习者来说，他们掌握的阅读词汇量最大，口语词汇量最小。在具体的应用中，运用得越多的那个技能，其相应的词汇量就越大。一般说来，阅读词汇量大于听力词汇量，听力词汇量大于写作词汇量，写作词汇量大于口语词汇量。当然，这四个部分的词汇是可以相互转化生成的。

## 第二节　词汇课堂教学中常见的问题

语音教学要示范，语法教学要讲解，但是英语词汇都有中文解释，学生可以自己查字典，自行理解、背诵和记忆。因此，相对于语音教学和语法教学，词汇教学比较容易处理。但是，仍有不少学生听不懂、记不牢单词。无论是在听力测试题、阅读题中，还是在情境对话题、写作题中，学生往往会因为词汇障碍而听不明白、读不明白、说不出来、写不出来，从而对英语词汇学习失去信心，甚至还会产生恐惧心理。这种现象的出现，主要是因为我国的英语词汇课堂教学中还存在种种问题。下面我们就对其中的常见问题进行分析。

## 一、缺乏系统性

词汇不是孤立的，而是具有系统性的，一方面与语音、语法、句型、课文相结合，另一方面体现在听、说、读、写之中。另外，英语词汇并不像表面上看起来那样零碎分散，而是有规律的、成体系的。因此，词汇教学也应充分运用整体教学法，增强词汇教学的系统性，使学生依据词汇内部的形、音、义、构造、用法的纵横联系去掌握词汇。

但是，纵观我国的英语词汇教学，就可以发现我国词汇课堂教学中普遍存在这样一大弊病：孤立地教词，孤立地讲解，孤立地传授太多、太细、太碎的词汇知识，词汇教学缺乏系统性。例如，教师在课堂上集中教授单词，或指导专门记忆，学生的词汇记忆依靠死记硬背。而有些教师只是按照教材一课一课地向前推进，词汇教学前后联系薄弱，系统性不强，使学生学了新词忘了旧词，或者越学越混乱，词与词纠缠不清，认不准，用不对。

词汇的意义和用法离不开具体的语境，而实际上，教师向学生呈现的词汇意义和功能脱离语境，并且随后缺少相应的复习或巩固，即使有词汇练习，通常也是偏重机械性、控制性、强化记忆的类型，这使词汇学习的方法呆板、单一，词汇复现率低，从而影响学生词汇能力的发展，学生的词汇运用水平比较低且无法将消极词汇转化为积极词汇。

词汇虽然自成系统，有内部规律性，但教材绝不可能按词汇系统编排。英语教学要体现词汇的系统性、规律性，首先要靠教学方法。这是教师发挥创造性的一个重要领域，但同时也是直至现在也未受到足够重视的领域。教师应该深刻认识到词汇课堂教学缺乏系统性，并尽快解决这种教学问题。

## 二、重语义轻用法

我国的学生在学习英语单词时，往往只注重词义，而忽略了词汇的用法。这就导致学生在阅读文章时，虽然能够读懂，可是在写作或口语表达时，却不知道该用哪个单词、怎么运用，造成了学用脱节。事实上，对单词学习而言，词义固然重要，但是如果没有掌握词汇的用法，那么对单词的词义再熟悉，对提高学生的英语综合应用能力也没有多大意义。

## 三、词汇量相对不足

根据《大学英语教学指南（2020版）》的规定，我国高等学校非英语专业的本科生经过大学阶段的英语学习与实践，应该达到的标准大学英语教学要求共分为三个级别，即基础级别、提高级别和发展级别；这三个级别的英语能力分别推荐掌握大约4795个单词和700个词组、大约6395个单词和1200个词组，以及大约7675个单词和1870个词组的词汇量。各高校可以根据自身教学实际情况，制订符合本校的大学英语教学目标，确保不同层次的在校大学生能够通过学习提升英语综合应用能力。

但是，大学英语的课程教学并不像专业课一样，贯穿于学生四年的大学学习中。多数学生在两年的大学英语课程学习中，由于学习方法不当，学习态度不够积极，高中已经掌握的单词不经常使用而发生遗忘等，在学习过程中出现已会的单词记忆模糊，新单词又说不出来、不会运用的现象。因此，相当一部分的学生完成大学英语学习后，词汇量却达不到要求。

## 四、忽视学生主体地位

教师在词汇教学中尊重学生的主体地位，体现在教师在词汇教学中注重开发学生的智力，注重学生观察、记忆、想象、思维和创造能力的培养。但是，在我国的词汇教学中，本应该由学生归纳和总结的词汇规律都由教师"代劳"了。这样，教师只注意了自己的教，而忽视了学生的学。

事实上，教师应该明白自己在教学中起的是引导作用，而不是主导作用，要时刻记得学生才是英语学习的主体。因此，教师应该引导学生自己总结规律，"授人以鱼不如授人以渔"，学生只有真正掌握了方法，词汇学习才能事半功倍。

## 五、过分注意汉语意义

我国许多学生在学习英语之初，过分注意单词所对应的汉语意义。这在初学之时，由于词汇较少且简单，尚能应付，但随着词汇量的不断增加、学习内容的不断深化、年级的不断增高，这种学习方法就会令人感到越来越吃力，甚至力不从心。于是词汇的记忆便成为他们学习英语的最大障碍，随后便逐渐对英语词汇产生畏惧、厌学的情绪，甚至会放弃英语词汇的学习。因而在记单词的时候，要学会结合上下文和相关的语境，并进行知识的积累，而不是死记硬背。

## 六、英语词汇掌握深度不够

词汇的掌握分为广度（泛指词汇量）和深度（对词汇各方面的熟练使用程度）。一个大学生词汇量的多少不能用认识多少个单词来衡量，仅仅知道英语单词的读音和汉语意思并非真正掌握其内涵，应在此基础上熟练运用和这一单词相关的固定搭配、习惯用语等。

例如，"He has no culture"并非"他没有文化"的意思，"没有文化、文盲"应该用"He is illiterate"。在大学英语学习中，随着学习范围的不断扩大和内容的不断加深，对英语词汇掌握深度不够的问题会越发凸显。

研究表明，高校大学生英语词汇的深度掌握与其英语综合应用能力有相关性。国外二语词汇习得研究学者也通过分析得出英语词汇的深度知识对阅读理解能力的提高有着至关重要的作用。

# 第三节 词汇课堂教学的原则与改革策略

## 一、词汇课堂教学的原则

在英语教学中，每一个项目都有其教学原则。这些原则可以指导教师和学生更好地进行词汇的"教"与"学"，有助于提高英语教学的效果。

### （一）直观性原则

在英语教材中，大部分单词都是活用单词。具体地说，大部分都是一些常见或常用的单词，或者说是可以直接观察到的、与事物相联系的名词、动词、形容词和人称代词。例如：表示周围事物的 window，door 等；表示事物外在特征的 big，small，tall，short，thin，fat 等；表示颜色的 blue，green 等；表示人称的 I，you，he，she，they，we 等；表示常见动作的 walk，sit，stand up 等；表示人的感觉的 cold，hot，cool 等；表示人对事物评价的 bad，excellent 等。因此，在英语词汇课堂教学中，教师可以设计各种各样的语言环境，以直观的形式把枯燥的单词展现出来。

直观化的教学形式可以促使学生将英语与客观事物联系起来，带领学生置身于具体的环境之中，吸引学生的注意力，激发学生的英语学习兴趣和积极性，帮助学生理解所学词汇的含义。教师可以借助多种手段使词汇教学直观化。例如，可以利用实物、音像、模型、标本、幻灯、简笔画等形象性教具或者形象生动的语言来教授英语单词。教师可以选择以下三种直观教具教授词汇。

①实物，即要求教师注意利用教室的环境就地取材，或提前准备物品直观呈现语言项目。

②形象，主要指教师运用模型、图片、卡片、简笔画、电教设备等模拟实物的形象来呈现语言项目。

③言语、动作，主要指教师充分发挥听、说、唱、做、演、画等多种才能，通过生动的语言、丰富的表情、形象化的动作吸引学生的注意力，帮助学生理解单词，识记语言项目。

通过这些直观手段的运用，教师能够充分调动学生多种感官的参与，使他们在看得见、听得到、摸得着的教学过程中学习单词、发展思维、培养能力、刺激记忆。

### （二）情境性原则

传统的词汇教学通常是先教词的读音、拼写，再解释词的构成及其语法范畴，然后罗列词的各种意义和用法，最后进行造句练习。这种将单词的读音、拼写、语法、意义、用法和运用相互孤立的教学方法容易让学生感到词汇学习枯燥无味，不仅不利于学生理解和掌握所学的单词，而且还可能使学生对英语词汇学习失去兴趣和积极性。在实际的语言交际中，人们表达思想通常都是以句子为单位来进行的，而词只不过是句子的组成部分。

因此，词汇的教学不应该是孤立的，而应该做到结合句子、语段进行教学，更要设置情境，借助情境来进行教学。只有结合情境的词汇教学才能使学生通过具体的语言材料来理解词义，掌握词的用法。

此外，词的许多语音特征、变化规律以及不同意义的展示也只有在句型情境中才能综合体现出来。在情境中教单词，不但可以帮助学生理解词义，加强记忆，而且有助于学生在交际中恰当地使用所学单词。因此，教师要根据教材内容，千方百计地创设语言环境，使学生置身于一定的语言情境之中，从而在较为真实的情境中进行语言练习。

具体情境是指实际生活情境、模拟交际情境、表演情境、直观教具情境、想象情境等。情境教学指的是教师借助语言、教具及各种教辅设备，为学生营造一个融视、听、说于一体的语言环境的教学方法。这种情境使学生犹如身临其境，从而有利于调动他们的非智力因素，加深对学习对象、课文内容的理解，完成对知识的掌握。在具体情境中教单词不但可以帮助学生理解单词，而且有助于学生学会在实际的交际中恰当地使用所学单词。因此，具体情境教学可以体现外语教学的目的性和交际的方向性。

### （三）综合性原则

这里的"综合性原则"是指将一个单词的形、音、义结合起来进行教学。每一个单词都包括形、音、义三个要素。形，即拼写，是词的书写形式；音，即读音，是词的语音形式；义，即词汇意义和语法意义，是词的含义。这三个要素并不是相互孤立的，而是相互联系、相互影响的。

因此，在进行词汇教学时，必须将这三个要素结合起来，进行综合性教学。在将一个单词的音、形、义结合起来进行词汇教学时，为了提高词的教学效率，还应该采取一些策略。

①对单词的形、音、义进行归类，抓住词汇在形、音、义方面的特征，提高单词记忆效率。我们在记忆单词的过程中既要把形、音、义三者作为一个有机结合的统一体来处理，又要看到这三者之间的关系错综复杂，既有统一的一面，又有不统一的一面。而这些形、音、义不统一的现象就应该是词汇学习的重点。对单词的形、音、义进行归类，可以按以下几种方式进行。

其一，同形、同音、异义。例如：right, n. 右方、权利；adj. 正确的、右边的；adv. 顺利地、立刻；vt. 扶直。

其二，异形、同音、异义。例如：two（二），too（也）；week（周），weak（弱）。

其三，同形、异音、异义。例如：excuse, v. 原谅，n. 借口；bow, n. 弓, v. 鞠躬。

通过对单词按形、音、义进行归类学习，可以有效区分单词，降低单词学习的难度，从而有效记忆单词，提高单词学习的效果。

②结合词组、句子进行词汇教学。对于有些单词，如果孤立地记忆它们的形、音、义，学生会觉得很困难。但是，将它们放在一些词组和句子中，就可以增强对这些单词的理解记忆，提高记忆效率。例如：

Don't write on the blackboard.

不要在黑板上写。

Fight for the right.

为正义而战。

We have the right to vote.

我们有选举权。

There is a museum on the right of our school.

我们学校右边有一座博物馆。

因此，教师要指导学生结合词组、句子记忆单词，引导学生养成结合词组和句子学习单词的习惯。

### （四）实践性原则

实践性原则强调的是精讲多练，以学生为中心，从而改变教师满堂灌的现象。词汇教学和词汇练习还应突出交际，通过交际实践活动，培养学生的自学能力，使学生学会利用上下文，利用新旧概念、构词法和工具书等进行自学。教师应要求学生进行充分的阅读，提高阅读能力。因为语感和语言的运用能力紧密相关，语感的培养是英语学习的关键，而大量的听、说、读、写则可逐渐培养语感，使学生养成良好的学习习惯，提高自身素质。

### （五）循序渐进原则

英语学习是一个循序渐进的过程，同样，英语词汇学习也不是一蹴而就的。英语词汇的总数多达上百万，并且有些简单，有些复杂。因此，词汇教学应该遵循循序渐进的原则，不可毫无层次、毫无系统地教学。教师在讲解词的意义和用法时，应遵循由少到多、由易到难、由浅入深的原则。当所学词汇初次出现时，其范围不可超出所学材料，应随着教材中新词义和新用法的出现，逐步扩大范围，加深认识。在词汇学习起始阶段，要由旧到新，即在学习新的意义和用法前复习已学的意义和用法；不能超越学生的英语水平，即不能提前讲授学生尚未接触到的词义和用法。

总之，词汇教学要步步为营、层层递进、循序渐进，不能追求一蹴而就，一下子向学生讲解一个词的所有知识。否则，就会弄巧成拙，不利于学生掌握该词的意义和用法。同时，当学生达到了较好的词汇理解程度，应尽可能地拓宽学生的知识面，使学生了解到一个单词的多种用法，掌握一个单词在不同语境中的不同用法。

### （六）重复性原则

"学得快，忘得快"是当前英语学习者英语词汇学习过程中的通病。这一通病存在的原因是未能及时复习巩固、未做到反复练习。根据艾宾浩斯遗忘曲线的规律：遗忘的进程是不均衡的，在识记后最初的一段时间遗忘得比较快，而后逐渐变慢；在识记相当长的时间后，几乎就不再遗忘了。这就是遗忘的发展规律，即"先快后慢"。一般来说,第一天遗忘速度最快,学得的知识在一天后如不抓紧复习就只剩下原来的25%。

随着时间的推移,遗忘的速度减慢,遗忘的数量也就减少了。到了第六天后,遗忘就很少发生了。也就是说,如果学生学习的新知识到第六天还没有被遗忘,那么很有可能会永远记住它。可见,尽管遗忘是自然而然地发生的,但是防止或减少遗忘也是可能的。要使学生牢固地记住词汇,教师不仅要教给学生一定数量的单词,而且要帮助学生与遗忘做抗争,通过反复练习掌握所学的单词。有些教师认为教单词是教师的工作,而记单词则是学生的任务,这种想法是非常片面的。

教师在教授单词后,只是单纯地要求学生通过多遍抄写和背诵来记忆单词,难以帮助学生掌握单词。在学习单词后,在一定时间内反复进行听、说、读、写、译多种形式的练习活动,才能做到加深对单词的理解,巩固对单词的记忆,最终学会灵活运用。因此,教师在教完新单词后,要尽早指导学生,对所学单词进行复习,让学过的单词有计划地、系统地复现在教学活动中,提高单词的重复出现率,达到巩固记忆的效果。

### (七)学以致用原则

学习词汇的目的在于交际,因而教师在讲解词汇时,要注重词汇的应用。教师应该创设多种情境,寻找多种方法让学生应用所学词汇,因为词汇只有在交际中才具有活力,而且学生应用所学词汇也有助于对词汇的理解和记忆。教师在鼓励学生学以致用的过程中,应该注意以下几点:①组织符合学生特点的活动,使学生在活动中运用词汇,进而掌握词汇;②根据艾宾浩斯遗忘规律,增加词汇的复现率;③鼓励学生建立起自己的词汇联想体系;④掌握词汇练习的节奏,确保练习的质量。

### (八)回顾与拓展原则

教师在讲解新词汇时,要不时地联系旧知识,这样,学生不至于很快忘记。同时,要适当拓宽学生的知识面,注重词义的延伸扩展,增强学生对词汇的理解,提升学生的语言运用能力。但在运用这一原则时,要把握好"度",要在学生的接受范围之内,否则会增加学生的负担,使学生产生畏难和厌学情绪。

### (九)集中与分散相结合原则

在英语词汇教学中,将集中教学和分散教学结合起来是十分有效、必要、可行的措施。集中教学可以使词汇更具系统性，更能发挥学生智力因素的作用，学习强度越大，越能锻炼学生的记忆力，从而迅速提高学生非智力因素的修养。但是，集中教学法并不适用于任何情况下的教学，长期使用也会使学生感到烦躁、厌倦。所以将集中教学和分散教学相结合是最好的办法。

集中教学的特点主要体现在以下几个方面。

1. 词汇选择

在词汇选择上，集中教学不仅包括教科书后词汇表上的词，而且还有一些常用词。前者能够扫清课内教学的障碍，后者可以为课外阅读创造条件，二者相互结合，不仅有助于学生扩大词汇量，而且可以培养学生养成课外阅读、课外自主学习的习惯。

2. 方法程序

集中教学的方法程序如下。

①思想动员。向学生说明集中识词、记词的可能性、任务、方法、困难与利弊等，同时也要求学生做单词卡片，每词一卡。

②系统介绍记忆与遗忘的规律。介绍记忆成批词的循环记忆法和记忆单个词的分析结构、联想、对比等方法，介绍减少遗忘的方法。

③首先示范100个词，小结经验，然后才正式开始集中识词。每天一节课教100个词，每周识500个词，复习一次，集中学习1200个词。

3. 战略优势

战略优势的特点如下。

①突破词汇难关，为其他方面的教学做好铺垫。

②在短期内让学生树立学好英语的心理优势，每节课学习100个词，以后碰到几十个词的材料也就不感到恐惧了，消除学生对英语的一种恐惧心理。

③有效培养学生的记忆能力，学会科学记忆的方法，对将来一生都有用。

集中教学结束后，必须要有分散巩固，以便学生更好地理解、掌握和运用所学单词。所谓分散是指将集中成组的词分散到词组、句子、文章中去，进行听、说、读、写训练，化知识为技能，使词汇记忆由暂时过渡到长久。分散实质上是将大量集中知识学习转化为大量集中技能训练。

当然，从形式上讲，分散是把词汇教学由集中于词汇课分散到其他课和环节上去。集中教学可以使词汇教学具有系统性，而分散记忆可以减轻学生的记忆负担，两者结合可以提高词汇教学的效果。

## 二、词汇课堂教学的改革策略

词汇课堂教学是英语教学的重要组成部分，而词汇课堂教学的策略直接影响着词汇教学的效果。从词汇课堂教学的过程、结果以及词汇课堂教学的内外条件来看，词汇课堂教学的策略与词汇学习的积累、记忆、理解和运用紧密相关。词汇课堂教学的改革策略分为词汇呈现策略、词汇记忆策略、词汇应用策略和词汇评价策略。

### （一）词汇呈现策略

英语教师进行词汇教学时，首先要呈现词汇，让学生认识词汇。不同的教师呈现词汇的方法各不相同，因此教师在具体的教学过程中选择合适的词汇呈现方法时，应该考虑词汇特点、学生的年龄和水平等因素，以求取得最佳词汇课堂呈现效果。

1. 直观性策略

采用直观性策略进行词汇教学有助于学生理解词汇，加深学生对词汇的记忆。直观性策略既包括采用实物、图片、录像片段等生动形象的直观事物呈现词汇，又包括教师采用肢体语言和表情呈现词汇。

（1）利用形象事物

在词汇课堂教学中，教师不能一味枯燥地讲解，要善于利用形象的事物辅助教学，以提高词汇教学的效果。

教师可以利用实物辅助教学，可以把相关实物呈现在学生面前，学生边看着实物边记忆单词，就可以加深对单词的印象。

教师还可以使用图片、简笔画等辅助英语词汇课堂教学。图片的使用可以让学生对一些难以想象的东西进行直观理解，有助于提高学生的英语语言交际能力。例如，在教动物类单词时，教师可以先把有关动物的图片贴在黑板上，再在旁边写上相应的单词。这种方式可以提高学生的注意力以及学习积极性。

此外，教师还可以利用录像、投影、课件等多媒体设备辅助词汇课堂教学。这些现代教育技术的使用不仅可以给学生提供视觉新感受，而且可以帮助学生掌握正确、自然的语音和语调。课件的使用可将画面由静变动，加深学生对语言的理解和情境的把握。

总之，利用这些形象化的事物辅助英语词汇课堂教学，可以将所学单词及其相应的意象直接联系起来，不仅有助于学生理解单词、记忆单词，而且能够激发学生的学习兴趣，从而提高学习效率。因此，教师在教学中应该积极利用这些形象直观的事物辅助词汇课堂教学，以提高词汇课堂教学的效率和质量。

（2）借助动作、表情、声音等

在词汇课堂教学中，教师还可以借助肢体语言和表情呈现词汇。在课堂上，教师的一举一动都可以轻易地吸引学生的注意力。因此，教师可以使用形象幽默的肢体语言和丰富直观的面部表情使枯燥的词汇课堂教学变得生动活泼，从而使词汇课堂教学达到事半功倍的效果。教师可通过动作、表情、声音等呈现单词，表达单词的意思，如 go，come，run，small，large，cry，smile，laugh，sneeze 等。开始时，学生会通过模仿教师的动作、读音学习单词，进而学会自由发挥，用自己的方式向教师和同学表达单词的意思。

当然，教师在运用肢体语言时要特别注意尺度，太拘谨表达不出意思，太夸张则会弄巧成拙，都达不到教学的效果。总的来说，利用肢体语言和表情呈现词汇是十分有效并且有趣的词汇教学方法。这种方法简单易用，可以有效激发学生的学习积极性，并帮助学生有效记忆单词，因此，教师可以将这种方法广泛地应用于英语教学当中。

2. 语境策略

语境即上下文，也就是词、短语、语句或篇章及其前后关系。在英语词汇中，同一个单词往往有多种含义，一个词在实际应用中的含义通常要结合其语境进行理解。同一个词在不同的语境中会有不同的意义。例如，white 既可以表示"白色"，又可以传达"纯洁""信任"等含义。

因此，教师在教词汇时应该通过上下文展示词汇。例如，教 well 的名词含义时可以给出句子：Don't forget who dug the well when you drink water from it. 将所要记忆的词汇置于一定的语境中，在词汇之间建立语意联系，让学生通过语境猜出单词意思，这样学生对单词的记忆不仅准确，而且会长久。

3. 情境策略

情境性是指词汇意义受社会文化环境、言语情境和上下文情境的影响。由于社会文化环境和地理环境的差异，不同的文化历史背景下，人们的思维方式也各有不同。词汇的情境性就是指词音、词义、词形的结构和搭配用法等都具有很强的民族性。例如，英语中 brother 可代表汉语中的哥哥或者弟弟，而 sister 也可代表汉语中的姐姐或者妹妹，要想具体了解这些词到底代表哪种含义，只有依靠上下文才能确定。

相关实践表明，在英语学习中，某种具体环境有助于人们记忆与此相关的某些内容。所以，教师要在具体的实际生活情境、模拟交际情境、直观教具情境以及想象情境中进行词汇课堂教学。结合情境讲解单词不仅可以引发学生的兴趣，便于学生记忆所学的知识，而且有助于学生在交际中恰当地运用所学知识。

例如，教师在教授有关圣诞节的单词前，可以找一些关于圣诞节的图片、歌曲、视频等素材做成多媒体课件，在旋律动人的圣诞歌以及生动形象的圣诞节图片、视频的影响下，学生开始学习关于圣诞节的词汇。在这样的情境中，可以使学生的学习兴趣在不知不觉中得到提高，学生能充分进入角色并感受到圣诞节的气氛，从而依靠这个情境掌握有关圣诞节的词汇。

总之，教师要善于创造合理有效的情境，在情境中进行词汇课堂教学，并注意正确处理传授词汇知识与培养学生运用词汇进行交际的能力之间的关系，使词汇教学贯穿于实际的或模拟的听、说、读、写等交际活动中，把课堂当成实践场所。

4. 解释与举例的方法

在词汇课堂教学中，解释与举例的方法也是呈现词汇的常用方法之一。这一方法对比较抽象的词汇或专有名词特别有效。英语解释法是用简单的、学生熟悉的词汇来解释新的单词，使学生利用自己原有的知识掌握新单词的听、说、读、写的方法。

例如，教师可以这样解释下列单词：demure—quiet and serious；donor—a person or an organization that makes a gift of money, clothes, food, etc.to a charity, etc.；enterprise—a company of business。使用简单的英语解释单词，一方面便于学生理解和掌握新的单词，另一方面训练了学生的听力，同时还可以使旧单词得到反复重现，使学生加深对单词的记忆。对那些意义抽象的单词，教师除了解释还可以用举例说明、翻译的方式进行讲解，这样学生能更轻松地掌握单词的意思。

5. 利用构词法及常见的词缀

英语词汇量十分庞大，但它本身并非无迹可寻，而是有其内在规律的。构词法就是英语词汇的内在规律之一，掌握基本的构词法有助于学生在英语学习中突破单词记忆的难关。

有人曾统计，如果一个人学了80个英语词根和50个词缀，那么他就可以掌握10万个以上的英语单词。如能将同一词的所有派生词一起记忆，记忆就会变得轻松。教师要善于利用词根、词干、前缀、后缀、合成、转化等方法教授新单词，有效扩充学生的英语词汇量。

（1）利用同根词扩大词汇量

例如，在教师教过 use 一词后，经过构词分析，学生就可以推测出 useful，useless，user 的词义来。

（2）利用词干分析词汇

例如，truth 作为词干可派生出 truthful，truthfulness，truthfully，untruth，untruthful，untruthfulness，untruthfully 等多个单词。

（3）利用词缀呈现词汇

例如，前缀 e- 表示电子"electronic"的意思，e-schools 意为 electronic-schools。利用 e- 这一前缀还可以呈现新单词 e-mail、e-zine、e-journal、e-commerce。又如在学生已学过的 appear，annoy 的基础上，指出后缀 -ance 的含义，学生就很容易推测出 appearance，annoyance 的意思来。

（4）利用合成词呈现词汇

若学生已学过 on 和 line，再学 on-line 就比较容易，这是合成词的迁移学习法。

（5）利用转化法帮助学生扩大词汇的使用功能

学了 hit 的动词用法后，再学它的名词形式及用法就比较容易，这就是词性转化。例如，book，snake，water，better，wet，yellow 等名词、形容词均可以转化为动词使用。

可见，利用构词法有助于学生扩大词汇量，并便于学生理解单词的意义。因此，在词汇课堂教学中，教师要向学生介绍构词法的基本知识，以提高词汇教学的效率。

6. 利用同义词或反义词

利用同义词或反义词来呈现词汇能大大降低学生对所学单词的遗忘率。因此，在日常"教"与"学"的过程中，教师要学会利用同义词或反义词解释新词。比如，用 wonderful 引出同义词 terrific，用 warm 引出其反义词 cool 等。反义词在英语中随处可见，如 clean 与 dirty，wet 与 dry，first 与 last，go 与 come，put on 与 take off 等。英语单词的同义词并非绝对的。

教师不仅要经常按同义词或反义词来归类，同时要注意同义词和反义词在用法上的不同，如 much 和 many 都表示"多"的意思，little 和 few 都表示"少"的意思，但它们的用法却有着很大的不同。much 和 little 用来修饰不可数名词，而 many 和 few 则用来修饰可数名词，因此不能互换使用。再如，学过 big 以后，当学到 small 时，可以指出 Small means not big，这样，学生就很容易理解 small 的含义了。

可见，利用单词的同义词或反义词呈现词汇是一种有效的策略，有助于学生理解单词、记忆单词，并掌握单词的运用，还可以有效扩展学生的词汇量。

7.利用单词的上下词义关系

利用单词的上下词义关系呈现单词有助于学生明确单词间的意义关系并掌握词义，这也是一种有效的单词呈现策略。例如，在教上义词 vehicle 时，可以指出它的一些下义词：cars，buses，trains，bicycles。这样，学生对词与词之间的关系就比较明确，对 vehicle 一词也能轻松掌握。在日常教学活动中，教师可以经常让学生进行词语归类，如 fruit，vegetable，furniture，clothes，animals，colors 等。

8.利用词块呈现单词

单独呈现单词不便于学生理解单词，更不便于学生掌握单词的用法。而利用词块对英语单词进行教学，则有助于学生理解单词、掌握单词的用法。

"词块"就是词与词的组合，是一个多词的单位，一般指出现频率较高、形式和意义较固定的大于单词的结构。词块的结构比较固定，可以做公式化的反复操练。利用词块教单词就是将单词与词汇搭配、固定用法及词汇类别结合起来，一起教给学生。词块可大可小，小到一个词，大到一个句子。词块在结构、语义上具有整体性，学生掌握一个词块就可以掌握较多的单词。词块具有较强的语用功能，以词块为单位进行语言学习可以避免由于不符合语境而出现的错误。

例如，在教 come across 时，要将它们置于具体的句子中，用其他同义、近义的单词来解释，而不可单独解释其中的任何一个词。在"I came across something"中 came across=met with。可见，利用词块呈现单词不仅有助于学生扩大词汇量，而且有助于学生理解单词及其用法，同时还可以激活学生的语言表达能力。因此，教师在词汇课堂教学中要善于利用词块呈现单词。

9.分析易混淆单词及常见错误

英语中有许多单词不仅词形相近并且词义相近，学生在学习和使用这些单词时容易误解、误用。因此，教师在词汇教学过程中要善于及时发现学生可能误解、误用的单词，给予重点呈现和讲解，帮助学生正确理解和使用这些易混淆的单词。

需要指出的是，教师在实际教学过程中要灵活地综合运用各种不同的词汇呈现方式，并为学生创造各种机会练习、运用单词，从而使学生真正掌握单词。

## （二）词汇记忆策略

容易遗忘是英语词汇学习的一大难关。可以说，学习英语单词的过程就是与遗忘做斗争的过程。所以，了解词汇记忆的特点对研究词汇的教学策略具有十分重要的意义。有学者经过研究得出下列结论。

①分散记忆比集中记忆更有效。比如，将一组单词分做6次记忆，每次10分钟，其记忆效果将比一次学习60分钟更佳。因此，教师在词汇课堂教学中要注意培养学生分次记忆单词的习惯，避免学生形成一次大量记忆的习惯。

②学生倾向于一次只将一种形式与一种功能联系起来。换句话说，如果一个单词具有多种功能，教师不要一次同时介绍该词的所有功能。

③学生容易将意思或结构相同或相近的单词相混。他们常会为同义词辨析而头痛。

④学生在学习中越是活跃，记忆效果就越好。比如参与"全身反应法"的课堂活动有助于提高学生学习和记忆词汇的效果。因此，教师在词汇课堂教学中要善于调节气氛，使学生在一种活跃的课堂气氛中进行学习，以取得更好的记忆效果。

⑤在记忆过程中投入智力和情感可以加强记忆效果。在单词记忆过程中，听和朗读对单词记忆有所帮助，但是如果速度太快则会流于表层，出现"左耳朵进，右耳朵出"的现象，而且，仅仅依靠听或大声朗读对单词记忆的作用是非常小的。如果学生能运用所学单词，则对语意和用法的记忆将比仅仅通过听、读和翻译要轻松和长久。

⑥学生的需求和兴趣在单词的学习和记忆中起着十分重要的作用。对于自己不需要的、不感兴趣的东西，或者是那些与自己毫不相干的东西，学生在学习时会变得被动，难以吸收，所学的单词也难以在记忆中保存。在词汇的记忆中，人们发现要使新学词汇进入学生的永久记忆，需要学生的主动投入。因此，教师要想方设法激发学生的兴趣，以提高学生的词汇学习效果。

词汇记忆策略有以下几种。

### 1. 兴趣记忆策略

兴趣是影响学生英语学习积极性和英语学习效果的一个重要因素。兴趣能够引导学生积极、主动地投入学习活动中。例如，有的教师在区别 Mary，merry，

May，marry这四个单词时，设计了这样一个句子：Mary，I'm so merry.May I marry you？（玛丽，我太高兴啦。我可以娶你吗？）通过这个朗朗上口且妙趣横生的句子，学生对于这四个单词的意义不但区分细致，而且还熟记于心。英语中一词多义的现象非常常见。为了帮助学生记忆、掌握一个单词的不同意义，教师可以精心设计一些例句。通过这些例句，学生不仅理解了一个词的不同词性与词义，而且还会觉得兴趣盎然，印象深刻。通过激发学生对单词学习的兴趣，可以使词汇课堂教学产生事半功倍的效果。

2. 最佳时期记忆策略

记忆分为瞬时记忆、短时记忆和长时记忆。外界信息被感知后首先形成瞬时记忆，此时以事物的物理属性进行编码，处于前注意状态，即还没有被人注意到。这些信息被注意到后就进入短时记忆，短时记忆以语音编码为主，处于注意状态。短时记忆的材料被复述后进入长时记忆，长时记忆以语义编码为主，可以对记忆材料进行归类，长时记忆的内容可经回忆进入短时记忆，在短时记忆里进行各种信息加工。短时记忆的容量有限，项目单位可以是字母、数字、单词、音节等。短时记忆的单位组块的伸缩性较大，教师要充分利用上课的时间，让学生记忆更多的单词。

3. 阅读记忆策略

同一个单词在不同的语境中会有不同的意义。因此，教师在教授单词时指导学生结合语境记忆单词，可以有效提高学生对单词的记忆效率。

结合语境记单词的主要开展方式是阅读，学生可根据材料中提供的上下文语境来记忆单词。这样不仅有助于学生准确地理解单词的意义，而且有助于学生掌握单词的运用。在阅读训练中有精读和泛读之分，教师应该有意识地引导学生有目的、有针对性地进行阅读训练，在阅读训练中识记一些新的单词，同时巩固已经学过的词汇。

4. 猜测记忆策略

国外研究者内申提出，猜测记忆策略的实施分为五步：①仔细看单词，确定词性，即确定单词是名词、动词，还是其他；②看下文语境，如含有生词的从句或句子；③研究从句的关系，如原因、结果、比较、例证等；④在以上三个步骤的基础上猜测词意；⑤检查猜测的结果。

研究表明，外语学习者在掌握了2000～3000个单词以后，就能用已经掌握的阅读技巧来推测新单词的含义。运用猜测记忆策略能够帮助学生成功地学习大批新单词。不过，猜测记忆策略并非学生天生就有的，而是需要依靠大量实践来获得的。

根据从句猜测中心词的意义是常见的方法。在阅读理解中，有的从句是对中心词的解释，因此，当我们不能确定该中心词的意思时，就可以根据从句进行大致的判断，猜测单词的含义。

5. 拆词记忆策略

拆词记忆策略就是利用前缀、后缀和词根来理解单词的意义，这项策略尤其适合语言水平较高的学习者。这项策略的运用需要学习者首先能将遇到的生词分为几个部分，并通过分析找出词缀和词根，然后学习者需要了解各个组成部分的意义，最后要能够理解各部分的意义与生词在词典中意义的联系。

6. 分类记忆策略

分类就是将同类的词按其语义、用法、构成、搭配等进行分类组合。分类记忆的方式符合人们的记忆习惯和记忆规律，因而是一种有效的记忆手段。教师可以指导学生对单词进行分类记忆。

7. 联想记忆策略

词汇不是孤立地储存在学习者的记忆中，而是以联想的方式储存和记忆的。建立在词汇间的联想包括纵聚合关系联想和横组合关系联想。纵聚合关系联想是指依据句中词汇的纵向关系所展开的联想。横组合联想是指根据单词共现搭配功能所进行的联想，包括名词与形容词的搭配、动词与名词的搭配等。当学习 look up 这个短语时，学生对于"查看"这个解释感到不解。有的教师就引导学生：在我们查词语时，把词典当成老师，所以"向上看"，表示"尊敬"。学生顿时豁然开朗，并且还记住了三个意思。还有不少学生总是把 in front of 和 in the front of 记混，一些教师就引导学生做如下联想：the 在短语内部，则 in the front of 为"在内部的前面"；那么 in front of 则为"在外部的前面"。通过这种联想记忆策略，学生学得轻松，记得牢靠。

8. 词汇图记忆策略

词汇图记忆策略就是利用词汇的话题归属、范畴类别、词性等制作词汇图，帮助学生记忆词汇。词汇图通常有以下两种构成方式。

（1）按题材构成词汇图

这是指把同一话题下经常出现的单词归在一起。

（2）以某一中心词归类构成词汇图

这是指以某一词为中心，利用联想，尽量结合、归纳并扩展与该中心词有关的单词。

词汇图可以利用话题中词汇的关联性把相关词汇直接联系起来，这样可以帮助学生记忆词义、用法，这对于学生在阅读中理解词汇、在写作中运用词汇都有直接的帮助，还可以帮助学生在任何场合回忆所要记忆的词汇。

记忆词汇要遵循三个原则：一是贵在坚持；二是通过词组、句子学习词汇，即词不离句，句不离篇；三是听、说、读、写各项技能并用。

研究发现，如果仅靠听来记忆单词，三小时后保持70%，三天后只保持10%；若只靠读，三小时后保持72%，三天后保持20%；若听与读相结合，三小时后能保持85%，三天后能保持65%。

记忆词汇的最终目的是应用词汇，以下部分将阐述词汇的应用策略。

## （三）词汇应用策略

任何一门语言包含的知识量都非常丰富。就英语而言，其词汇量十分大，学生学习英语单词是一个漫长的持续过程。因此，学生需要在英语学习的过程中不断巩固已经学过的单词。对很多学生而言，巩固词汇要比学习新词难得多。不少学生抱怨学过的单词总是忘记，不断地学却不断地忘。这是因为学生对所学的单词缺乏应用。词汇应用是词汇学习中最为重要的部分和环节，如果缺少应用环节，学生即便暂时记住了单词，由于没有通过运用得以巩固，也将导致学生无法真正掌握词汇。因此，教师应根据所教词汇的特点，结合学生的具体情况设计一些词汇应用的活动。

1. 看图描述

教师选择一些图片，这些图片的内容要丰富多彩，而不是抽象的，然后让学生尽量用所学单词或词组加以描述，从而巩固所学的词汇。

2. 排列字母组成单词

即让学生在一个词或一串字母中找出尽可能多的单词。这种练习有助于学生准确掌握单词的拼写。例如，在 airplane 一词中找出尽可能多的单词，可以找出的单词有 ripe, lane, pile, plan, pan, pea 等。

3. 单词归类复习词汇

教师准备好一些不同类的单词，例如，smile, hug, face, wave 四个单词，请学生将不同类的那个单词找出来。

教师还可以给出学过的一堆单词，要求学生将这些单词分门别类整理好。

4. 利用联想巩固词汇

教师说出一个单词，如 travelling，学生在规定时间内写出和 travelling 相关的所有单词，看谁写得最多。这种联想的方法可以使学生把词汇记忆放在一个大的主题环境之下，而且联想的组合越紧密，越有利于词汇的记忆。另外，这种词汇巩固方法还可以帮助学生熟悉相关话题的词汇，从而有助于学生提高写作能力与交际能力。

5. 利用语义关系练习词汇

利用语义关系练习词汇的方法有很多，下面是一些常用的方法。

①用语义场所形成的系统记忆单词。"语义场"是指词汇根据其意义的内在联系形成的一个系统（场）。将词汇根据需要分类形成一个个小系统，有利于整体记忆，扩大词汇量。比如，color, system, animal, food, vegetable, fruit 等语义场可以帮助学生回忆出尽可能多的词汇。用语义场所形成的系统记忆单词，有利于学生在表达时使用和替换词汇。

②利用同义关系和反义关系巩固单词。教师向学生提供一组单词，告诉学生其中包含若干组同义同和反义同，然后让学生将这些同义词和反义同分别列出，并根据语义对它们进行讨论。

③利用聚合关系和组合关系巩固词汇。例如，red 和 yellow 等词可分别与 pen 形成组合关系。

④利用全体与部分的关系记忆单词。

⑤利用词和概念的上下文关系记忆单词。例如，animal 与 bird, fish, insect 等词形成上下义关系。

⑥利用构词法如词根、词干、前缀、后缀等学习一大批相关词汇。英语词汇总量虽成千上万，但基本构词成分却是有限的。有的通过加前缀、后缀构成派生词；有的通过单词的组合构成合成词；有的通过读音的变化成为新的词语等。这些构词法对于单词的记忆和学习很有帮助，因此，教师要注重构词法的教学，使学生掌握并扩大词汇量，从而在更大程度上提高词汇课堂教学的效果。

6. 用词造句练习词汇应用

在造句之前，首先要弄清所学单词的意义，研读教材和词典给出的例句，然后通过模仿例句，灵活而有规律地变换部分句子成分。记忆典型例句并辅以造句等实践训练的效果比单纯记忆孤立的单词要好得多。通过造句，学生可以明确单词的词义及用法，这样更有助于记忆单词，并灵活运用所学词汇进行表达交流。因此，造句是记忆、积累和掌握单词非常有效的方法。

### 7. 接龙游戏

接龙游戏包括字母接龙、句子接龙或扩写句子。在词汇课堂教学中加入适当的游戏活动，可以使学生在轻松和谐的课堂气氛中练习单词应用。字母接龙游戏就是用短横线表示需要填一个单词，每个单词最后一个字母是下一个要填的单词的首字母。进行字母接龙游戏有助于学生记忆单词的拼写形式。句子接龙游戏可以把所学单词复习一遍。扩写句子既可以练习词汇，又可以练习语法和句型。

例如，教师将一个单词，如 dog，写在黑板上，然后按照座位顺序，让第一个学生用这个单词的结尾字母 g 作为下一个单词的首字母进行接龙，这样依次接下去，如 dog—good—doll—litter room—mouth—hen—no—ok……需要注意的是，在一个接龙游戏中，单词不能重复。这种游戏有益于学生复习单词，培养学生的反应能力。

### 8. 作文练习

作文练习可以帮助学生熟悉、掌握单词的用法。通过让学生写作文，不但可以巩固学生对词汇的记忆，熟悉单词的用法，而且可以锻炼学生的写作能力。教师可以给出一个作文话题及相关单词，要求学生运用这些单词进行写作。这样，学生可以在写作文的过程中熟悉、巩固新学的单词。

总之，词汇应用的方法多种多样。教师要根据学生的年龄特点和知识水平，灵活应用各种方法帮助学生熟悉所学单词的用法，切实提高词汇课堂教学的有效性，从而提高英语教学的效果。

## （四）词汇评价策略

评价学生是否掌握一个单词包含以下准则：①发音是否正确；②拼写是否正确；③词性是否掌握；④是否能够辨认这个单词的书写和口语形式；⑤是否能够随意回忆起这个单词；⑥是否能够将这个单词与一个恰当的实物或概念联系起来；⑦是否能够将这个单词用在一个恰当的语法形式里；⑧无论是在口语，还是在书面语中，学生都是否能够熟练地辨识和应用这个单词；⑨是否了解并且掌握关于这个单词的搭配关系。教师可以设计填图的策略活动或者文本校对等策略活动，以评价学生对词汇的识记和运用情况。

# 第四章　高校英语听力课堂教学改革

在高校英语教学的过程中，听是非常重要的一个环节，对于学生的英语学习起到十分重要的作用。由于受到诸多因素的影响，高校英语听力教学环节一直十分薄弱，无法满足英语教学目标的要求。由此可见，对高校英语听力课堂教学进行改革尤为重要。本章分为听力课堂教学的内容、模式与目标，听力课堂教学中常见的问题，听力课堂教学的原则与改革策略三部分，主要内容包括听力课堂教学的内容、听力课堂教学的目标、听力课堂教学的原则、听力课堂教学的改革练习策略等。

## 第一节　听力课堂教学的内容、模式与目标

### 一、听力课堂教学的内容

在听力练习过程中，学生必须能够区分连续的声音，识别听到的单词、句子、语篇，识别重音、节奏，预测说话者的谈话内容、推断谈话目的等，才能完整、准确地理解与把握听力材料。因而英语听力课堂教学就应该包含三方面的内容，即听力知识的教学、听力技能的教学以及听力理解过程的教学。

#### （一）听力知识的教学

听力知识包括很多方面，如语音知识、语用知识、文化知识等。这些知识对英语听力理解具有重要影响。

语音既是英语语音教学的基本内容，又是听力教学的基本内容之一。英语听力的基础就是语音知识，语音知识包括句子的重音、连读、语调等，这些语音知识的掌握程度将直接影响学生对听力材料的理解。听力测试就是对学生英语语音知识的一种测试。只有具备了扎实的语音知识才能够在听力理解中顺利进行解码。

语用知识是指对听力材料中说话者表达内容的内在含义的理解。语用知识的缺乏对学生理解说话者真正的意图具有很大的阻碍，进而影响对整个英语听力材料的理解。

文化知识则有助于学生准确理解听到的内容，能避免对听到的内容产生误解，并为学生补充那些未听清的内容。

### （二）听力技能的教学

要想准确、完整地理解给定的听力材料，学生除了需要掌握相关的听力知识之外，还需要掌握一定的听力技能与技巧。因此听力技能教学也是英语听力课堂教学的一个重要组成部分。听力技能教学主要包括以下两个方面。

1. 基本听力技能教学

基于学生自身特点的差异以及教学阶段的不同，听力技能教学的目标也有所不同。一般来讲，基本的听力技能教学主要包括以下几个方面。

（1）辨音能力教学

辨音能力是听力理解的最基本能力，在听力教学中，教师要教会学生辨别音位、辨别重弱、辨别意群、辨别语调、辨别音质等。

（2）猜测词义能力教学

猜测词义能力教学是指教会学生掌握利用各种技巧猜测听力材料中所涉及的生词、难词的能力。

（3）选择注意能力教学

选择注意能力教学是指教会学生根据听力的目的和重点对听力中的信息焦点进行选择。

（4）理解细节能力教学

理解细节能力教学指教会学生掌握从听力材料中获取具体信息的能力。

（5）理解大意能力教学

理解大意能力教学通常包括教会学生推断、把握听力材料的主题和意图等。

（6）推理判断能力教学

推理判断能力教学即教会学生借助各种技巧、通过推理判断，获取谈话人之间的关系、说话人的态度、意图和言外行为等非言语信息。

（7）预测下文能力教学

预测下文能力教学指教会学生对听力材料下文所要出现的内容进行猜测和估计，从而确定事物之间的逻辑关系或发展顺序。

（8）交际信息辨别能力教学

培养交际信息辨别能力是进行有效交际的关键之一，因此教师要教会学生辨别新信息指示语、例证指示语、话轮转换指示语、话题终止指示语等。

（9）评价能力教学

评价能力教学是指引导学生掌握对所听材料进行评价，表达自己的观点、看法的能力。

（10）记笔记能力教学

记笔记能力教学是指引导学生根据听力要求选择适当的笔记记录方式以将听内容记录下来。恰当的记录方式有利于学生获取听力信息。

2. 听力技巧教学

在多数情况下，技巧和技能可以互换使用，技巧和策略也可以互换使用。例如，在听不同材料的过程中，理解大意可能是一个听力技巧，也可能是一个听力技能或听力策略。但在有些情况下，技巧、技能和策略会处于不同的层面，因而包含的具体内容也各不相同。技巧是具体的活动操作方式，技能则是完成一定任务的能力，比如能轻松地猜测某个单词的词义是一种技能。在猜测词义时，学生可以运用各种技巧，例如，根据上下文猜测，或者借助说话者的表情、手势等进行猜测，而这两种方法就是实现既定听力目标的技巧。技巧如果使用得当，就达到了策略的层次，有助于学生理解听力内容，否则就只是一项技巧。

### （三）听力理解过程的教学

听力理解涉及两个方面：一是对字面意思的理解，二是对隐含意思的理解。理解过程涉及辨认、转化、重组与再现、评价和应用几个层次。

1. 辨认过程教学

辨认属于第一层次，主要包括辨认语音、辨认符号、辨认信息等内容，为后面几个层次的发展和提高奠定基础。教师可以通过正误辨认、匹配、勾画等具体方式训练和检验学生的听力能力。

例如，将听力材料中的对话打乱顺序后呈现给学生，让学生根据听到的内容给句子排序。辨认也分不同的等级，辨认语音属于最初级的要求，而辨认说话者意图则属于高级要求。

2. 信息转化过程教学

信息转化属于第二层次，要求学生能够将听到的信息转化到图、表中，这一过程包括对信息的分析和书面输出。这个阶段要求学生可以在语流中辨别出短语或句型。这一层次又分为几个不同的层面，涉及原信息转化和运用自己的语言进行转化，其中信息转化则可以通过填图、填表等方式完成。

3. 重组与再现过程教学

在信息获取阶段之后，就进入了第三层次，即重组与再现层次，它要求学生用自己的语言重新组合信息，并通过口头或书面方式将信息表达出来。在这一阶段，学生可能会不了解与某些话题相关的词汇，因此教师在教学过程中应使学生大量接触相关词汇，并组织学生根据所填写的图表开展复述练习等活动。

4. 评价与应用过程教学

评价与应用属于听力的最高层次，它要求学生不仅要理解信息、转述信息，同时能够运用自己的语言对信息进行评价和应用。简单的听并不是目的，听是为了在日常交际中更好地进行交流或解决问题。

因此，听力教学力图达到的一个目标就是教会学生进行评价和应用。在实际教学中，评价和应用可以通过讨论、辩论等活动展开。需要强调的是，即使学生的听力已达到这个阶段，随着听力题材、内容的变化，学生往往还会退回到前面几个阶段。要使学生在多数情况下成为这个阶段的听者，教师在教学过程中就要帮助他们不断吸收新的词汇和知识。

## 二、听力课堂教学的模式

### （一）文本驱动听力教学模式

文本驱动听力教学模式强调语言知识在整个听力理解过程中发挥的作用。该模式认为，学生理解口头语言的过程是一个从部分到整体对语言进行线性加工的过程，也就是对构成单词的语音信号、构成短语或句子的单词、构成连贯语篇的短语或句子进行切分和理解的过程。

因此，在真正的听力理解训练之前，教师要安排相当程度的微技能训练以及词汇、语法知识的教学，帮助学生消除听力理解过程中的语言知识障碍。概括来讲，其教学内容包括：语音练习，如最小语言单位练习、重读训练，单词、短语语音解码，词汇、句法结构的训练等。但在有些情况下，即使在听力过程中没有语言知识障碍，学生仍无法理解听力材料，因此从某种意义上说，文本驱动听力教学模式作为培养听力技能的一种手段存在其自身的缺点和不足。

## （二）图式驱动听力教学模式

### 1. 图式理论与听力理解

图式听力理解模式是在"信息处理"模式的基础上得到进一步发展的。"信息处理"主要涉及"自下而上"和"自上而下"两种处理方式。

"自下而上"是刚进入认知理解系统的具体信息启动，这些具体信息用来激活最具体、最底层的图式，因此理解过程也从最具体、最底层的图式的示例化开始，即从具体到抽象、自下而上进行，以高层次或较为抽象的图式的示例化或形成而结束。具体到英语听力理解中，我国学者余雪芳认为，"自下而上"模式指的是通过提高对音素、词汇、句法和语法的解析来确定单词、句子以及篇章的意思，是一种从部分到整体的认知法，它要求学生要能辨别语音、语调，弄清楚单词或词组的意义，理解句型和语法结构等。

"自上而下"是指从高层次的图式和背景知识开始，以它们来预测、推测、筛选、吸收或同化输入信息，并以形成抽象化的结果结束。这种"自上而下"的加工过程从所经历事件的一般知识开始，又从这些知识所产生的特定预期开始，这种预期实际上是关于感觉信号的性质的某种理论或假说，正是这种预期与概念在指导着各个层次的分析阶段。

在英语听力理解过程中，"自上而下"模式是学生运用其背景知识对所听信息进行推断或假设，从篇章层次上对听力材料进行辨认、理解和预测，是一种从整体到部分的认知法。这种模式对学生自身的语言系统知识要求不高，但却要求学生具备一定的经验和知识来对所听到的材料进行处理，而如果学生在这两方面都比较欠缺的话，采用"自上而下"的模式对学生而言就有很大的难度，而且从目前来看，很多学生还不具备对所听内容进行预测的能力。

综上所述，在听力理解过程中，两种信息加工方式在词汇、句法、语篇等不同层面上相互作用，使主体迅速而准确地辨认客体，促进主体的听力理解能力的发展。具体而言，输入的信息激活学生高级水平的图式，高级水平的图式以先前知识或经验为先导，通过运用"自上而下"的加工对全文的主题思想进行搜索，同时学生运用"自下而上"的加工方式分析听力材料的特征，通过对词义、句子、语义进行逐级分析，不断走向高级的加工过程。

需要注意的是，图式中的"预期"结构在听力教学中同样起着十分重要的指导作用。在缺乏直观交际环境的情况下，"预期"对学生的听力理解能力的发展具有促进作用。"预期"是指学生根据听力材料中所提供的各种线索对后续的信息进行推测。学生在预测听力材料的内容时，开始积极、主动地挖掘自身已有的知识经验，并将其与新输入的信息联系起来，这时，学生的目的性强，能较准确地把握主导信息，从而把非关键信息的干扰减少到最低限度；同时，学生还能对漏听的信息进行补充，协调头脑中的图式结构与输入信息的差异，直至整体理解的实现。

由此可见，学生头脑中已存储的知识对他们吸收新知识的方式和运用效果起着关键作用。在听力教学中，影响听力理解的图式又分为语言图式和内容图式。

（1）语言图式

在听力教学中，语言图式是指学生已掌握的语音、词汇以及语法等方面的基本知识。具体来说，语音方面的知识有失去爆破、连续、弱读、同化等；词汇方面的知识涉及常用词汇的拼写、读音、意义和用法，此外还应包括大量的习语、俗语等；语法方面的知识包括时态、语态、词句衔接等。

（2）内容图式

内容图式涉及语篇的内容和主题，因此又被称为主题模式。在听力理解中，学生除了要掌握相关的词汇、语法等知识外，还需掌握有关的背景知识。由于地理位置、自然环境、宗教传统、文化习俗等方面的差异，生活在不同文化环境中的人对同一事物会形成不同的图式。因而，学生掌握足够的文化背景知识对于听力理解是十分有益的。

在英语听力测试题中，很多对话来自人们日常生活的典型情景，如餐馆、商店、图书馆、医院、机场、银行等。在这些典型的情景中，对话双方的关系以及说话人的行为模式相对比较固定。这种生活常识存储在人的大脑中即为内容图式。例如，对话中提到 bill, sandwich, hamburger, dish 等词，学生根据大脑中的背景知识，也就是内容图式，就能确定对话发生的场所是餐馆；又如，在对话中听到 Can I help you？或是 What can I do for you？等句子时，就可判断谈话双方为服务员与顾客关系；再如，听力材料中出现 renew, library 等词时，学生就能判断交谈双方为图书管理员与读者关系。

无论语言图式还是内容图式，对于学生理解听力材料都是不可或缺的。心理学实验证明，图式在听力理解和记忆的提取方面扮演着重要的角色。图式对于理解力的加强主要体现在三个方面：①图式为解释篇章的内容提供参照和向导。在信息听取过程中，篇章中的内容与学生头脑中的知识图式交汇融合，构成新的、更为具体的图式，从而完成理解过程。②图式有助于学生考虑语境、排除歧义、准确判断；③图式有助于学生对上下文的预测。学生在听具体的对话或短文时，所听材料可以激活学生头脑中相关的知识图式，而这种图式一旦被激活就有助于学生预测所听材料下一步可能出现的情景。

2. 图式教学模式的运用

（1）加强语言教学，丰富学生的语言图式

图式理论虽然在宏观上强调背景知识的作用，但在微观上也没有忽略诸多语言因素的影响。归根结底，语言知识才是一切交际活动的基础。只有熟练地掌握了词汇、语法和句型结构等知识，建立起足够丰富的语言图式，学生才能对输入的语言信息进行解码，进而根据上下文线索去激活大脑中已有的内容图式，迅速准确地领悟语篇的意义。

（2）拓宽知识面，充实学生的内容图式

学生对所听话题的熟悉程度是影响英语听力理解最为显著的因素。为此，教师可以采用听前导入—听音训练—口头反馈的教学模式，有效提高听力教学效果。在听前导入阶段，教师要注重向学生介绍背景知识，提示线索，建立恰当的图式或激活学生已有的图式，增加学生对输入材料的熟悉度，缩短学生的内部认知结构与输入信息之间的差距，加速新旧知识的同化或建立关联。

（3）采取适当策略，激活学生已有的图式

长期记忆中的语言知识和非语言知识对理解至关重要，可以说图式的激活是思维理解的准备阶段。所谓图式的激活，就是指学生利用所接收的某些信息，如文章的标题、关键词等线索，去预测、判断所听材料可能涉及的内容，并据此从图式框架中提取可能适合的相关背景知识。如果学生不能有意识地利用他们的背景知识和经验，在特定的语境中他们就无法理解所听的内容。

因此，在听力教学中，教师要善于引导学生对大脑中储存的知识图式进行选择、整理和加工，充分发挥学生的联想和推测能力，及时激活学生大脑中的先存图式，让学生为更好地理解听力材料做好准备。

## （三）交互式听力教学模式

听力过程是一个复杂的生理和心理过程，需要学生运用已有的语言知识和图式知识，并采用适当的听力策略，对文本信息进行加工处理，从而理解说话人的意图，达到培养和提高听力技能的目的。文本驱动和图式驱动两种听力教学模式有优点也有缺点，交互式听力教学模式综合两者的优势，能有效利用语言知识和图式知识，开展听力教学。

所谓交互式课堂教学，就是指师生间、学生间进行双向或多向的信息交流。

教师主要以组织者的身份给学生提供尽可能多的任务和活动，引导他们用英语去交流情感、思想和观点，并协助学生解决活动中出现的问题。学生则依靠自己的智慧和创造性，自主学习、合作学习。

在课堂教学实践中，交互式听力训练的操作方式是灵活多样的。严格说来，交互式教学不是一种具体的教学方法，因为它没有固定的教学模式和环节，实际上它是教学方法的指导思想。因此，教师要根据学生的实际情况和需求以及教师自身的特点，选择最合适的交互活动和教学方法。一般来说，采用交互式听力教学模式应注重以下几个方面。

1. 多方位互动

听力课堂中的交互活动是多方位的，有师生互动，也有学生互动；有教师与全班学生互动，也有教师与个别学生互动；有两个学生互动，也有小组互动。比如，在引入听力话题时，教师可以提供图片等书面材料让学生讨论，也可以用提问的方法引起学生思考；在核对答案时，教师可以直接提问学生，也可以让学生先互对答案，然后要求学生带着同伴的不同意见再听一次材料。这样做，学生会特别注意理解不当之处，再听材料时就能有的放矢，克服听力障碍。这种"选择性注意"是交互假说的一个重要概念，在语言学习中起着重要的作用，同时这样做也培养了学生在听的过程中用已知事实对预测内容进行不断修正的能力，符合交互认知法。

2. 多层次互动

在听力交互学习中，学生进行意义协商、互相交流的重点可以是发音、用词、句法、语法等方面的知识，也可以是文化背景知识、个人经验等内容。这一过程既涉及自下而上的听力理解，也涉及自上而下的听力认知知识和技巧。

例如，在听力教学开始之前，教师可以引导学生以小组活动的形式讨论各种类型的环境污染，帮助学生增加相关的词汇量，同时纠正发音，为理解有关环境污染的听力材料做好准备。在听完材料之后，教师可以组织学生互相介绍听材料过程中所使用的方法和技巧，以达到取长补短、互相学习的目的。

3. 多形式互动

听力课堂中的交互活动形式多样，教师要善于运用不同的交互活动来开展听力教学。从组织形式来看，交互活动可以通过教师讲演、小组讨论/双人作业等形式开展；从任务形式来看，交互活动可以通过口头表达、自由讨论、辩论、竞赛、游戏等形式进行；从学习形式来看，交互活动可以融听、说、读、写于一体，综合培养学生的英语语言运用能力。经过精心安排后，形式多样的交互活动会使枯燥沉闷的课堂气氛变得生动活泼，从而激发学生的学习热情，提高学生听力学习的主动性和积极性。

## 三、听力课堂教学的目标

在我国高等教育发展的新形势下，为了深化英语教学改革，提高英语教学质量，满足新时期国家和社会对英语人才培养的需要，教育部发布了《大学英语教学指南（2020版）》，作为各高等学校非英语专业本科生英语教学的主要依据。《大学英语教学指南（2020版）》将大学英语教学目标分为基础、提高、发展三个级别，其中关于听力教学的目标规定如下。

### （一）基础目标

①能听懂就日常话题展开的简单英语交谈。
②能基本听懂语速较慢的音、视频材料和题材熟悉的讲座，掌握中心大意，抓住要点。
③能听懂用英语讲授的相应级别的英语课程。
④能听懂与工作岗位相关的常用指令、产品或操作说明等。
⑤能运用基本的听力技巧。

### （二）提高目标

①能听懂一般日常英语谈话和公告。
②能基本听懂题材熟悉、篇幅较长、语速中等的英语广播、电视节目和其他音视频材料，掌握中心大意，抓住要点和相关细节。
③能基本听懂用英语讲授的专业课程或与未来工作岗位、工作任务、产品等相关的口头介绍。
④能较好地运用听力技巧。

### （三）发展目标

①能听懂英语广播电视节目和主题广泛、题材较为熟悉、语速正常的谈话，掌握中心大意，抓住要点和主要信息。
②能基本听懂用英语讲授的专业课程、英语讲座和与工作相关的演讲、会谈等。
③能恰当地运用听力技巧。

综上所述，促进听力理解和技能运用能力的提高是英语听力教学活动开展的目标。因此，英语听力教学应该以技能训练和信息获取为目的。换句话说，教师在英语听力教学中不仅要训练学生的听力能力，还要帮助学生掌握听力材料中的知识点。

## 第二节　听力课堂教学中常见的问题

随着教学改革的不断深入，社会发展对高校英语课堂听力教学提出了新的要求。而听力教学一直是我国英语教学的薄弱环节，为此，我们必须深刻认识到传统英语听力教学中存在的不足，了解影响听力能力发展的因素，正视我国高校英语课堂听力教学面临的问题，明确教学内容与教学目标，并在此基础上探索高校英语课堂听力教学的新方法。

### 一、听力课堂教学设置方面的问题

#### （一）课程设置欠佳

《大学英语教学指南（2020版）》（以下简称《教学指南》）指出，各高等院校可以根据自身实际情况，按照《教学指南》和本校的大学英语教学目标设计出各自的大学英语课程体系，将各类课程有机结合，确保不同层次的学生在英语应用能力方面得到充分的训练和提高，并明确规定大学英语课程的设计要充分考虑对学生听说能力的培养，且给予足够的学时和学分。

然而，在实际的英语教学中，听力教学并未得到应有的重视，很多高校在英语听力课程的设置方面游走于《教学指南》的边缘，一直压缩听力课程的学分。这主要是因为很多院校只注重专业课而忽视了英语课，在英语课程中也只重视英语精读课而完全没注意到英语听力的社会性功能。

此外，还有一些院校在课程改革中将听力课与口语课相结合改为听说课，这其实是在稀释听力课本就不多的课时与学分。在这样的情况下，学生的英语听力能力很难得到提高。

#### （二）教学评估单一

教学评估对于实现教学目标至关重要，是大学英语教学的重要环节。教学评估既是教师保证教学质量、改进教学管理、获取反馈信息的重要依据，同时也是学生改进学习方法、调整学习策略、提高学习效率的有效手段。在我国的大学英语教学中，教学评估一直左右着英语教学模式和教学方法的实施。各院校和各级教育行政部门也将大学英语课程教学评估视为本科教学工作评估的重要内容。

但是，受"应试教育"思想的深刻影响，教学评估依然以学生的成绩作为唯一的考核标准，很多院校更是以大学英语四、六级考试成绩来衡量学生的学习情况和教师的教学情况。这些都给大学英语听力教学带来了很大的影响。因为在大学英语四、六级考试中，听力只占百分之三十的比重，所以很多教师和学生都将精力放在比重较大的阅读上面，在课时和学分的分配上也更侧重于精读，这都不利于学生听力水平的提高。

### （三）听力教学内容单调

当前，大学英语听力教材的内容很单调，主要以语言教学为主，教材内容缺乏趣味性，文章的内容也缺乏文化常识和文化背景。在我们的传统听力课堂中，听力教材比较枯燥，内容多是以英语等级考试为主，如果一整个学期都听这样的内容，那么学生对英语听力的兴趣必然会下降，甚至会失去兴趣，这样再想让学生在课堂上集中精神，认真完成听力任务就是不可能的事情了。

### （四）课时安排不尽理想

综观各大高校中英语听力课时安排，我们不难看出，英语听力在大学英语总学时中占的比例是非常小的。学习任务重但实践机会少，这就在一定程度上限制了学生发展的机会，继而也不会产生明显的学习效果。

在通常情况下，拿普通本科院校来讲，大学的英语课程平均每学期约有70个课时，但其中听力只占了十几个课时，也就是大约五分之一。要求在这五分之一的课时中学完听力课程规定的内容，这样听力课时过少与教学内容过多就产生了矛盾，那么在教学任务按进度完成的情况下，便不会达到所期望的教学效果。

## 二、教师方面的问题

在高校英语听力教学过程中，很多教师只注重对理论知识的传播而忽视了对学生心理素质的培养，致使很多学生在接收到听力信息之后，由于过度紧张而无法对接收到的信息在短时间内进行具体有效的分析。对于学生在英语听力课上的焦虑心理，如果教师没有足够重视并帮助学生努力克服这种消极心理，会对学生的英语听力学习效果产生严重的影响。

有关调查资料显示，大部分学生的英语听力学习水平基本上是一致的，但其中有的学生心理素质不高，在上英语听力课的时候会出现恐惧、紧张的心理，这类学生的听力成绩会比心理素质好的学生差很多。因此，高校英语教师在培养学生听力能力的同时还必须重视对他们心理素质的培养，消除学生的心理障碍，提高高校英语听力教学的质量。

在高校英语听力教学中存在的另一个问题是，高校英语教师在对学生的听力能力进行训练时，往往会忽视听力技巧的培养，致使学生在听力练习中没有目的性，常常事倍功半，很难达到预期的效果。

## 三、学生方面的问题

从学生的角度来讲，听力水平难以提高一直是我国高校英语听力教学面临的重要问题，究其原因，主要有以下几点。

①大学生缺乏对英美文化知识的了解。这是听力水平难以提高的重要原因。学生不了解英美国家的文化也就不了解英美人的价值观念和思维方式，这些都会成为听力过程中的阻碍，严重影响学生对听力材料的理解。

②受传统教学模式的影响，部分中学英语教学不重视英语听、说能力的训练，加上教学条件有限，学生很少有正式听英语的机会，学生对英语听力的学习缺乏有利的环境，致使母语思维一直处于主导地位，而英语和汉语在语音和表达方式上的差别很大，对母语的过度依赖严重影响了学生听力的发展。到了大学，学生过低的英语听力水平与大学过高的课程要求之间的矛盾使学生跟不上课程节奏，英语听力课堂的教学效果也很差。虽然大学校园中有英语广播等节目，但这些资源非常有限，无法被学生普遍、有效地利用，大学生英语听力的学习仍然缺乏必要的语言环境。而且由于学生的听力水平较低，教师不得不大量使用中文授课，如此更加强化了消极的思维定式。

③在高校英语听力教学中，学生存在着认识误区。这是影响其听力水平的内部因素。由于大学英语四、六级考试侧重于考查学生的语法、词汇量和写作水平，而对听力的考查所占比重很小。一些学生认为自己听力基础水平差，提高起来费时又费力，不如将时间和精力放在比重较大的阅读理解上，希望只依靠阅读理解就能得到合格的分数。

## 第三节　听力课堂教学的原则与改革策略

### 一、影响听力课堂教学的因素

#### （一）语言因素

语言因素是制约听力教学顺利开展的关键因素，包括语音知识、词汇基础、语法知识以及文化背景知识。

1. 语音知识

语音是学习英语的基础。语音中的每个要素都有区别意义的作用，如果辨别不清，就会造成听力困难，甚至引起误解。比如，有些学生分不清楚长音和短音音标，比如 [i:] 和 [ɪ]，在这种情况下，学生就不可能辨别 these 和 this；又如有些学生分不清清辅音和浊辅音 [s] 和 [z]，这些都毫无疑问地会影响学生的听力理解。此外，对于英语发音中的连读、弱读、省音及失去爆破等语音知识，如果学生掌握不好，也会在听力理解中产生听错、漏听等问题，从而造成听力理解的错误。

除此之外，英、美语音的差异也是严重影响学生听力效果的一个重要因素。英式英语和美式英语除有些词的词形不同以外，读音上也有很大差别。这是由英美不同国家的地理、历史、文化、风俗习惯等不同造成的。就目前来看，美式英语在我国经济发展和对外交流中的地位日益突出。如果学生不熟悉美式英语的发音习惯和表达方法，也容易造成听力困难。

由此可见，语音知识对于听力理解具有重要影响。如果学生缺乏必要的语音知识，在听力理解中就会遇到障碍，最终阻碍英语听力教学的顺利开展。

2. 词汇基础

词汇是影响听力的又一基础因素，词汇量的大小对听力理解有着重要的作用。有的学生语音知识学得很好，听录音时每个音节都能听得出来，但是一旦遇到没有学习过的新单词就会非常紧张，手足无措，从而使得后面可能很熟悉的单词也会漏掉。例如，学生如果不知道 scanner 是扫描仪的意思，就无法知道"Could you lend me your scanner？"这句话中的说话人想要借什么东西。所以从某种程度上说，学生词汇掌握的熟练程度影响着听力理解的程度。因而，学生应尽可能多听多记新单词，丰富自己的听力词汇量。

3.语法知识

语法是规范语言表达的法则。由于每一种语言的表达习惯不同,相应的语法规则也就不同。句子的分析离不开语法,如果语法知识掌握不牢固,学生就不能明白构造句子的方法,即使听懂了句子中每一个单词的意思,最终也会因搞不清句子的语法层次和逻辑关系而造成误解。

4.文化背景知识

英语有着不同于汉语的历史、地理、政治等方面的文化背景及语言特点。学生对英美国家的一些生活习惯、风土人情以及生活方式等不熟悉、不了解,会直接影响其对所接触的英语语言材料的理解。例如,顾客(Customer)购物时,售货员(Salesperson)要求其出具驾驶证(Driver's Licence)。有些学生听到此段对话会感到非常困惑,不知为什么售货员要看驾驶证,在中国只有交警会要求出示这种证件,买东西时根本不需要。导致这种现象产生的原因就在于学生缺乏相应的背景知识。

实际上,这段对话中暗含了英语国家的法律文化。在美国,驾驶证和身份证(ID card)都具有法律效力,它们几乎是同等重要的,是证明一个人身份的合法证件,其中包括一个人的各种重要信息,如姓名、年龄、住址、职业等。由此来看,售货员要求顾客出示驾驶证的真正意图是想确认其支票是否具有法律效力。所以,如果学生不了解相应的文化背景知识,会很难理解其中的道理,造成听力理解障碍,也不利于听力教学的有效实施。

## (二)学生心理因素

动机、焦虑、意志是学生重要的心理品质,会影响学生对语言的习得。

学习动机是一种内部动力,是学生发自内心的倾向于学习的意志和愿望。动机与学习效果之间有着密切的联系。美国教育心理学家奥苏伯尔指出:"动机与学习之间的关系是典型的相辅相成的关系,绝非一种单向性的关系。"这一关系体现在英语听力教学中就表现为,动机以增强行为的方式促进学生的英语听力学习;反过来,英语听力水平的提高又可以增强学生提高英语听力水平的动机。

焦虑是指某种实际的类似担忧的反应,或者是对当前或预计对自尊心有潜在威胁的任何情境具有一种担忧的反应倾向。我国研究学者芦莉认为听力理解是一种复杂的心理活动。由心理因素引发的听力焦虑主要体现在紧张不安、自信缺失、心理素质差等方面。当人的情绪处于紧张焦虑的状态时,容易产生恐惧心理。学生在听英语时比读英语时的焦虑程度要高,而听录音时的焦虑比实际交际谈话时的焦虑程度要高。英语听力对学生来说是一种难度较大的学习，因怕遗漏听力信息，学生有可能产生较高程度的焦虑。受各种心理因素的影响，不同学生的听力焦虑表现会有所不同。有的学生遇到听不懂的单词或句子就会心慌；有的学生在听之前就有心理暗示，于是产生了恐惧心理，在听的过程中产生急躁情绪，处于不良状态，最终导致什么都听不懂，更谈不上保证听力理解的连续性和正确性。这些都是学生心理因素造成的听力信息输入障碍，会明显削弱信息加工的有效性，进而影响学生对听力材料的理解。

意志是指自觉地确定目的，根据目的支配、调节行动，从而实现预定目的的心理过程。我国学者王丽君认为，意志总是与克服困难相联系的，既表现在克服外部困难上，也表现在克服自身的困难上。在英语听力学习过程中，具有坚强意志的学生往往能以坚忍不拔的毅力克服在学习中遇到的各种困难。

注意力难以集中也是听力教学中一种较为普遍的现象。很多学生如果长时间地听不太熟悉的英语内容，就容易走神，这种情形哪怕持续短短的几秒钟，都会对听力的效果造成不良影响。也正是因为这种问题的存在，许多学生都很难提高自身的听力水平。

由此可见，学生心理因素是影响听力教学的重要方面。然而，在实际的英语听力教学中，有的教师往往只关注学生听力训练的效果，忽视了对学生心理因素的培养，不能很好地引导、帮助学生克服各种心理障碍，因此影响了英语听力教学的有效开展以及学生听力能力的提高。

## （三）听力材料因素

### 1. 听力材料难度对听力教学的影响

听力材料的种类和内容繁多，国际知名学者肖哈密等人经过研究发现，新闻类的听力材料难度最大，讲座类的听力材料次之，对话类的听力材料难度最小。此外，以时间为顺序进行描述的听力材料要比打乱时间顺序描述的听力材料更易懂。

### 2. 听力材料语速对听力教学的影响

听力材料语速太快，学生来不及理解听到的信息；听力材料语速太慢，材料就失去了真实性，容易使学生产生厌倦情绪。许多研究者认为，以英语为母语者的正常语速为每分钟165～180个词，但随着场合的变化，语速也会相应发生变化。

3.听力材料的熟悉程度对听力教学的影响

如果听力材料是学生所熟悉的，学生就很容易在头脑中形成听力内容相关的图式，并借助相关常识和适当联想来理解听到的信息。因而，这种情况下的听力理解效果会比较好。相反，如果听力材料是学生所不熟悉或不感兴趣的，这时的听力理解就要完全依靠语言信息的输入，学生的理解力就会降低。此外，听力材料中说话者的口音、背景音等因素也会对学生的听力理解产生影响。

## 二、听力课堂教学的原则

### （一）激发兴趣原则

对于任何教学和学习活动而言，兴趣都是至关重要的。学生的成长过程是智力因素与非智力因素相互作用、相互影响的过程。处于同一个年龄段的学生，智力水平应该没有太大差异，他们在学习上获得不同的成绩很大程度上源于他们的非智力因素。非智力因素通常指情感、兴趣、注意力、意志等，其中兴趣是学习不可或缺的一个条件。

因此，在进行听力教学之前，教师首先要了解学生的兴趣所在，即学生喜欢何种听力活动、学生喜欢何种听力材料等，并根据学生的兴趣爱好，采用学生喜欢的教学方式来激发学生的学习兴趣，保证教学的顺利开展，并提高听力教学的效率。

### （二）符合交际需要原则

听力训练的最终目的是培养学生听懂地道的英语的能力，以适应交际的需要。在平时的教学中，教师应坚持用正常的语速说英语，并严格要求自己，力求发音准确无误。听录音是培养听力的有效方法，因而教师要充分利用各种电教设备，让学生多听地道的英语，并让学生习惯于听不同年龄、性别、身份的人在不同场合的发音。偶尔也可以让学生听一些地道的英文歌曲，以提高学生的学习兴趣。

### （三）训练模式多样化原则

教师应该根据不同的训练目的采用不同的训练手段。在课堂上，学生听教师和其他同学讲英语是培养听力的重要途径。教师可根据由慢到快、由易到难、由简到繁的原则坚持用英语组织课堂教学、讲解课文，并鼓励学生大胆讲英语，以营造浓厚的课堂氛围。

另外，教师应根据不同的教学目标选择不同的听力材料并采用不同的训练模式。比如让学生区分练习各种语音，从而领会其表述的意义；课前给学生提一些问题，让学生听材料时用母语做出回答；让学生听以正常语速讲的所学过的各种对话；鼓励学生自由选听各种材料，然后说出或写出所听的内容。教师应尽可能地为学生创造听英语的机会和条件，通过听觉接触大量的英语，逐步发展听的能力。

## （四）听、说、读、写相结合原则

听、说、读、写四项活动既相互独立，又相互依存，在多数情况下，几项活动互相结合、同时进行。对于听、说、读、写四种技能，任何一种技能的提高都能带动其他技能的提高；反之，任何一种能力的缺乏，都会影响其他能力的掌握与运用。因此，在高校英语听力教学中，教师应遵循听、说、读、写相结合的原则，有效、合理地将听力训练与其他技能的训练结合起来，培养学生的听力能力。

### 1. 听说结合

听和说是交际中不可或缺的两个要素，是不可分割的整体。国外知名学者安德森和林奇认为应强调听的过程中积极的一面，即在教授听力课时，应给学生提供使用目的语相互交流、表达思想的机会。听力课应打破传统的只听不说的教学模式，改为听说结合的模式。教师在听力教学中要鼓励学生积极参与各种听力教学实践活动，变被动为主动，学生只有听懂了，才能说得出。听力训练的过程也是口语训练的过程；反之，口语训练的过程也是锻炼听力的过程，二者是相互促进的关系。一般来讲，听说教学应以过程为主，应该涉及听前（Pre-listening）、听时（While-listening）和听后（Post-listening）三个环节。

### 2. 听读结合

听读结合一方面能增强学生的语感，另一方面有助于学生将单词的音、形、义三者统一起来，减少判断误差。听读结合要求教师引导学生做好听前的预习活动。例如，在听录音之前，教师要提出具体要求，如学完单词、句子后，教师放录音让学生模仿跟读。朗读的材料可以是课文或与课文难度相仿的文章。学生边听边读，不仅可以模仿地道的语音、语调，还能增强语感、纠正发音错误。此外，长期坚持边听边读，听力的输入量随之增大，词汇复现率随之提高，学生对于一些常用语也就越熟悉，从而加深对文本的理解，提高对语言的反应速度。

3. 听写结合

英语听力教学中的听写结合有助于培养学生语言信息输出的能力。听写结合的最佳形式是听写练习，它要求学生在有限的时间内将所听到的内容同步记录下来，这就需要高度集中的注意力和对语言的高度敏感。有些情况下，听得懂不一定能写得准确，只有二者结合，才能真正地提高听力水平。教师在听力教学中要有意识地培养学生的这一能力。

听写结合的训练题型包括：根据所听内容选择最佳选项、根据所听内容填单词、根据所听内容判断正误、根据所听内容回答问题以及根据所听内容涂色等。由于这种训练难度比较高，在听写起步阶段，教师可以选择一些基本词语和简单句型对学生进行听写训练，随着教学进程的推进，再听写一些与课文难度相当的材料。

### （五）理解和反应相结合原则

进行听力训练时，学生的理解程度如何，要通过观察学生对所听材料的反应来判断。学生只有真正听懂了，才能做出正确的反应。而检验学生是否听懂也只有靠做出反应的正确与否来实现。教师在进行听力训练时必须重视以下几种情况：如何帮助学生根据不同材料的具体要求，做出正确的反应；如何提高学生做出准确反应的速度；如何依据不同的材料，提出恰当的问题，来准确地检查学生的反应情况。

检查学生反应情况的形式是多种多样的。既可以通过口头的形式来检查，如对问题的简单回答；也可以通过书面的形式来检查，如让学生做选择题。虽然学生的反应在很大程度上取决于听懂的程度，但是由于检查反应的方法多样化，学生在回答问题时，不仅先要听懂教师所提的问题，而且还要具备一定的说的能力。选择题的准确、合理程度在很大程度上会影响检查的结果。此外，学生在做选择题时还受到自身理解力、判断力的影响。由此可见，如何实现听懂材料和做出正确反应的有效结合，是相当复杂的问题。

总的来说，在听力课堂教学中，对于一些专门用来检查学生听力理解的题型，教师要进行一定的练习，使学生能听懂、会答题。除此之外，多项选择、填空等题型都要加以训练，以便学生的理解和反应能力同步发展。

### （六）综合性和分析性相结合原则

综合性是指对听力材料进行粗线条的整体理解，这种原则对应听力题中对材料主旨的理解、对整体思想的分析等方面的要求。分析性指的是为了应对听力题中对细节部分的考查，而逐字逐句地分析细听。这就需要学生在听时"抠"字眼，例如，题中要求回答的是事件发生的时间、地点、年份等，学生在听时就要特别注意此类细节并做简单记录。在听力训练中，由于听力题既涉及材料的通篇理解，又不能忽视细节问题，所以要求学生把综合性与分析性结合起来，以适应答题的要求。

## 三、听力课堂教学的改革方法

### （一）听力微技能法

在高校英语听力教学中，教师需要使用科学的方法对学生的听力活动进行指导。听力理解的过程是听者不断使用猜测、推断、分析等手段进行的信息获取过程，这些听力活动中的微技能有利于提高学生听力理解的效果。

具体而言，听力微技能主要有以下几种。

1. 听前预测

听前预测对于听力理解尤为重要。在高校英语听力教学中，教师应该重视听前预测手段的教授。具体而言，听前预测需要学生在进行听力练习之前首先熟悉一下测试题，了解题目所考的范围，如人名、地点、数字等。

2. 猜测词义

在听力实践过程中，听者很难完全听明白材料中的每一个词，此时就可以通过上下文等进行词义猜测，从而更加顺畅地理解材料内容。在听力实践过程中，切勿一遇到生词就打断思路，应从整体听力活动入手，综合使用词义猜测技巧，确保听力活动顺利进行。

3. 抓住要点

交际是交际者在交际目的的作用下进行的言语活动。在英语听力教学中，教师应给学生介绍抓重点信息的方法，在听的过程中，要抓主要内容、关键词、主题句，略听一些无关紧要的信息。

4. 关注细节

在英语听力教学中，教师还应注意引导学生关注听力材料的细节，使学生更好地理解听力材料。

一般而言，在听力材料中，细节通常与五个 W（when，where，why，who，what）有关。在听的过程中，如果抓住了它们，就抓住了英语听力的关键要素，从而可以准确理解听力材料的内容。

5.简单做笔记

听力活动具有速度快、不可扭转性的特点，很多对话都发生在很短的时间中，同时留给听者很少的考虑时间。所以，学生应根据听力的特点，学会做笔记的技巧。

在英语听力教学中，教师可以引导学生养成边听边记的好习惯。由于听力时间有限，因此听力笔记不要求十分整齐，只要听者自己能看懂即可。教师可以教授一些简单的记录符号与缩写。

## （二）文化教学法

语言与文化关系密切，听力材料中经常涉及文化因素。学生如能掌握英语国家的文化背景知识，便可以提高听力理解能力。因此，教师可以采取文化教学法来展开听力教学。

1.选用英语母语的听力材料

目前，我国英语听力材料一般会有配套的听力光盘，通过看和听相结合的方式来训练学生的听力理解能力。在传统听力教材中融入视频元素，将"声音"与"图像"结合起来，有助于学生感性认识的提高，易于被学生接受。因此，教师应适当采用这类听力材料，以英语母语为主，使学生接触与学习原汁原味的英语，了解地道的英语表达，熟悉英语语言环境，从而更好地理解文化知识在实际中的应用。

2.创设真实的文化情境

我国的英语教学缺乏真实的英语语言交际环境，不利于学生了解英语语言与英汉文化的差异，从而给听力理解带来一定的障碍。因此，在高校英语听力教学中，教师应适当地为学生创设真实的文化情境，让学生的听力训练在真实的情境中进行，使学生更好地学习文化知识。

## （三）使用辅助信息法

1.听觉信息

众所周知，听力活动是靠听觉展开的。听觉信息一般包括语气和语调两个方面，而语气和语调的改变会使整个话语含义发生改变。有时，学生可能不太确定或不理解听到的内容，但如果他们很熟悉语言材料中的语气、语调，就可以根据语气和语调来判断说话人的意图或态度。

因此，学生在听力活动中，特别是初学听力时，应多听一些带语气、语调的听力材料，以便将听到的内容与语气、语调结合起来，这样既利于理解材料中的情感、观点，又有利于建构图式，便于在日后的听力活动中更好地理解这类材料。

2. 视觉信息

尽管听力活动是靠听觉获取信息的，但与听力材料相关的视觉信息，如文字、图表等，也至关重要，这些信息也能辅助听力理解，提高听力的准确程度。

3. 已知信息

已知信息主要涉及三个方面：既有的英语语言知识；英语文化知识，如英语国家的风土人情、历史地理、政治经济等；生活常识和科普知识。

在英语听力教学中，教师应引导学生积累一些相关知识，多听一些信息量高的或本身就带有背景介绍的听力材料，边听边积累这些知识。

## （四）课外活动法

课堂教学时间十分有限，课外活动是课堂教学的有效补充。对于英语听力教学而言，教师可以结合学生自身的特点，鼓励学生参加一些不同类型的课外活动。

课外听力练习活动既有利于提高学生的听力水平，在学生主动地搜集、整理资料的过程中又有利于提高他们的学习能力。此外，由于课外听力练习活动要求学生互相合作，这对锻炼学生的组织能力与沟通交际能力也十分有利。同时课外听力练习活动还给学生提供了施展才华的机会，有利于培养并提高学生的创新能力。

课外活动的形式丰富多样，这里选取广播电台与电影配音两种形式的活动加以介绍。

1. 英语广播电台活动

英语广播电台在内容上受限较小，在时间安排上较为灵活，通过每天在固定的时间播放英语节目，可以增加学生的听力时间，弥补学生课堂听力时间的不足。

在课外，教师组织开展英语广播电台活动，需要注意以下几个方面的问题。

（1）安排好播音时段与内容

学生学习英语的时间有限，因而教师需要认真考虑、选择英语广播播放的时段与内容，合理安排英语广播电台的节目、学院自己开办的栏目以及课外听力材料与考试辅导类节目。

（2）安排好节目播放模式

在制作听力节目时，教师应注意把握听力材料的速度，根据不同年级、不同层次的学生设计英语广播节目，提高听力训练的针对性。教师还可以在节目单上注明所需要的听力材料，使学生提前预习，提高听力的效果。

（3）结合第二课堂办电台

与日常生活中的节目不同，学校英语广播电台的目的不仅仅是丰富学生的娱乐生活，更重要的是培养学生的英语学习兴趣，培养学生的语感，逐渐提高学生的听力能力。因此，教师应要求学生对所播放的英语节目进行反馈。为了激发学生听节目的兴趣，教师可结合一些竞赛或沙龙活动来开展电台活动。

英语广播电台将英语广播与学生的实际情况相结合，营造了良好的英语氛围，激发了学生的英语学习兴趣，有利于学生学习英美文化知识，提升听力理解能力，是听力课堂教学的重要补充。

2. 英语电影配音活动

一般而言，英语电影中的台词具有戏剧性与灵动性，贴近实际生活，更贴近口语。就听力练习而言，教师可以组织学生进行电影配音活动，这样的任务既有输入，也有输出。

具体而言，在为英语电影配音的活动中，教师让学生自由组队，一般是2~3人一组，截取某一部电影的某一片段，并通过软件加以编辑，使英文字幕保留下来，之后分角色配音。要想提高这一练习活动的效果，学生首先应看懂电影，了解角色，在此基础上，对所要进行配音的片段反复观看、仔细聆听，记好台词，尤其应注意一些特殊的语音现象，如连读、弱读、重读等，然后模仿训练。成功的配音除了要做到语音匹配外，还要使情绪、情感、音量等做到恰到好处。

英语电影配音既有利于提高学生的听力能力与口语能力，又有利于培养学生的团队协作意识与合作精神，是英语听力课外活动的一种有效形式。

## 四、听力课堂教学的改革策略

### （一）科学筛选听力材料

在"互联网+"环境下，为深入、全面地提升学生的听力素养，积极引导学生真正成为听力学习的关键主体，教师应该注重听力材料的有机筛选，同时积极创设良好的语言环境。

一方面，在听力教学过程中，教师应该结合学生的认知特点、学习情况等，积极为他们筛选优质的听力材料。不可否认，各类线上学习平台的出现，为学生进行听力材料的选择提供了非常多元的渠道。教师在引导学生自主选择听力材料的过程中，应该给予他们一定的规范和指导。

比如，教师可以结合课程教学需求等来主动为学生提供一些有价值的、趣味性强的听力材料。在听力材料的选择过程中，教师可以结合学生的生活实践来精准全面地选择材料，如校园文化、运动生活、休闲时光等。这些生活化的听力材料本身具备较强的趣味性，学生在聆听以及学习的过程中可能会更感兴趣。

当然，考虑到学生的社会阅历日益丰富、认知视野日益广阔，教师在设计听力材料的过程中，可以考虑加入一些社会热点或者时事新闻等，以这些丰富的听力材料来引导学生深入全面地学习，进一步提升学生的听力素养。在听力材料的选择上，教师还可以结合不同专业学生的实际诉求，精准挖掘一些专业性强的听力材料。不同专业学生的发展存在着显著的差异性，在他们未来成长以及发展的过程中，英语发挥着重要的作用。在听力材料的选择上，教师应以学生的专业为切入点，将服务学生的专业发展作为听力材料的选择依据，这同样能够整体提升学生的听力学习实效。

另一方面，在听力教学的过程中，教师应该充分认知到"互联网+"背景下语言环境缺失的弊端，巧妙结合学生的英语素养以及听力能力等，积极创设良好的语言习得环境。在听力教学的过程中，引导学生积极利用情境模拟等方法来进行听力学习，如通过人机互动等方式，为学生创设良好的听力学习氛围。教师也可以将班级里的学生分成多个小组，引导他们在听力学习之后，快速寻求伙伴来进行相互检验，这样也能够整体调动学生的听力学习兴趣。

## （二）强化基础知识的教学

听力教学应从基础知识教学入手，教师要对这一点做到心中有数，同时也应让学生对此有所认识，积极配合听力教学活动。虽然学生有一定的辨音能力，但长期以来，很多学生形成了音、形、义分离的词汇学习方法。在实际听力训练中，很多学生都有这种体验，即听到的句子很简单，而且听得很清楚，甚至在听的过程中就能把句子复述出来，但就是不明白句子是什么意思或者要过一会儿才能反应过来。从一定程度上来说，这一现象的出现要归咎于词汇的学习方法不当。为了使这种情况有所改观，教师要让学生充分认识到学习词汇必须重视其完整性，掌握音、形、义结合的词汇学习方法。

心理学研究表明，多种感觉器官的同时参与能加强对大脑的刺激，有利于记忆活动效率的提高。记单词也应该眼、耳、舌、手并用，即眼睛看着手里在写的字，嘴里念出其读音，心里想着该词所指的事物或概念，并尽可能地将概念与具体事物或行为相联系，在脑子里显示出视觉形象。这样记单词既快又牢，不仅能保持单词音、形、义的完整性，而且还能培养学生的英语思维能力，为在快速听音过程中准确理解所听内容奠定基础。

### （三）营造良好的课堂氛围

生动活泼、积极主动的课堂气氛具有较强的感染力，容易激发学生的学习兴趣，提高听力学习效果。因此，在听力教学中，教师要善于营造良好的课堂氛围。这就要求教师转变角色，做学生学习的启发者、鼓励者，以学生为中心，有效地组织生动活泼的课堂活动。教师还可利用多媒体将整合过的图书音像资料与学生的活动有机结合起来，组织开展丰富多彩的听力教学活动。

除此之外，教师还要多微笑、多表扬、多鼓励，保持亲和力。很多教学实践表明，建立轻松、愉快的学习氛围，可减少语言输入的情感过滤，有效提高学生听力学习的效果。

### （四）激发学生的学习兴趣

有了学习兴趣，就会有学习的动力，这是提高英语听力学习效率的重要因素。学生可以通过看经典英美电影、电视剧、TED（Technology, Entertainment, Design）演讲等，来增加对英语听说的兴趣。"熟能生巧"用在听力水平的提高方面也是很恰当的。学生只有多听、多练，才能提高辨音分析能力，才能学会运用联想能力来推测听力材料的内容或者个别单词的意思，才能学会越过非关键性障碍，根据上下文推测材料的主要内容，将注意力集中在关键信息点上，根据实际接收的信息，使自己的思维与文章同步。语言理解能力的发展对听力理解具有促进作用，经常听、读英语的学生知识面较宽，能更好地辨别所听材料的中心意思。因此，学生要读不同题材的书和文章，积累英文知识。

### （五）注重听力微技能的教学

听力技能培养的过程是一个技能积累的过程，有一定的量变做基础，才能有质变的发生。就英语听力来说，理解有声语言的过程可能是一种猜测、预期、推断、想象等技能积极地相互作用的过程。学生的听力理解技能也必须由各种听力微技能组成，包括听前预测、猜测词义、抓听要点等。因此，在听力教学的过程中，教师应注意加强学生听力微技能的训练，培养学生的听力能力，提高学生的听力水平。

1. 引导学生做好听前预测

预测是听力理解过程中的重要一环，教师在开展听力教学之前要教会学生做好听前预测，即教会学生在做每个小题之前，快速浏览题目及选项，捕捉信息，预测内容。学生通过预览题目和选项可以事先掌握一些人名、地点、数字之类的具体信息，预测要听到的句子、对话或短文的有关内容。根据不同的内容，教师要采取不同的教学方法。

例如：针对交际类的内容，教师要让学生先弄懂答句的意思，再预测可能要问的问句，根据答语找问句；针对阅读类的内容，教师要让学生先根据问题预测短文涉及的内容，听前先找到听力的着重点。

2. 教会学生猜测词义

在英语听力训练中，学生往往不能将每个单词都听得很清楚，很多时候要靠半听半猜来理解单词的意思。因此，在教学过程中，当学生遇到一些听不清或听不懂的单词时，教师要教会学生根据上下文去猜测词义的技巧。

例如句子中出现了一个单词 beggar，但是学生没听懂或没听清楚，这种情况下，教师要鼓励学生不要气馁，引导学生继续听，而不要纠结于这一个单词而停止不前。

3. 引导学生抓听要点

在进行英语听力时，教师要提醒学生不能把注意力平均分配到每个单词上，而应该有所侧重，即要听主要内容和主题问题，捕捉主题句和关键词，避开无关紧要的内容。所以，教师在听力教学中应该经常训练学生抓听要点的技巧。

4. 教会学生关注问题中的重要细节

在听力训练中，教师要引导学生对问题中的重要细节给予适当关注，因为有的时候仅仅从提问的方式就可以判断出正确的选项。这些问题中的细节往往与五个 W（When, Where, Why, Who, What）有关，抓住了它们，就抓住了英语听力的关键要素，就能准确理解听力材料的内容。

5. 引导学生边听边做笔记

在听力材料较长、干扰项较多的情况下，仅凭大脑的短时记忆是不够的，还需要学会边听边做笔记。所以，教师在对学生进行听力训练时，要引导学生养成边听边做笔记的好习惯。笔记不可能也没有必要记得很完整，因此教师要教会学生使用一些通用的符号或缩写把与题干有紧密联系的信息记下来，如时间、地点、数量、价码等关键信息。当然学生也可以建立自己的符号和缩写体系。

6. 鼓励学生听英语新闻

听力课堂的时间往往是有限的，只依赖课堂教学提高学生的听力能力是远远不够的，教师还应该鼓励学生在课下多听英语新闻。听英语新闻不仅可以锻炼学生的英语听力能力，而且还有利于学生了解国内外大事，拓宽视野。学生听英语新闻时，不需要准确地把握一切所听信息，只需要关注自身感兴趣的东西即可。此外，学生在课下听英语新闻时，心理上是轻松愉快的，没有任何压力和包袱，这样比课堂上带着任务听的效果要好。

### （六）合理调控学生的心理

在高校英语听力教学中，合理调控学生的心理主要表现为以下几点：培养学生对听力学习的兴趣和意志力，适当调控学生在听力学习中的焦虑程度，提高学生对听力学习的认识，树立正确的听力学习目标。具体来说，教师可从以下几个方面着手。

①教师可教授学生一些相关的学习策略，让学生明白英语学习的规律，帮助学生制订下一个学习阶段的目标。

②教师要更新教学观念和方法，挑选恰当的语音材料和教材，密切联系现实生活中学生关心的问题，正确指导学生进行合理的听力学习。

③教师要培养学生短时记忆和速记能力，引导学生树立正确的听音心态，培养学生良好的听音习惯。

④教师要正确评价学生的学习，多表扬学生取得的进步，及时发现学生的困难，为其解惑答疑，适当纠正错误，降低学生的焦虑程度。

以上这些做法能帮助学生积极调控心理状态，建立最适宜的听力学习心态。

### （七）充分利用多媒体开展听力教学

多媒体计算机辅助英语教学，使教学的互动性和学生学习的个性化成为可能。多媒体互动式的英语教学适合综合语言课的教学，它不仅具有传统课堂教学模式的优点，而且还能弥补传统教学模式的许多不足之处。多媒体具有直观性、立体性和动感性的特点，能将大量的知识信息传递给学生，并且不会使他们感到枯燥乏味。

我国学者易斌认为，多媒体教学的主要目的是因材施教，开展个性化教学，对不同习惯、不同背景的学生采取不同的教学方法和策略。多媒体教学无论是对学习能力强的学生还是学习能力弱的学生都能提供适应性的学习指导与帮助，使他们发挥特长，取得有效的学习效果。多媒体技术作为一种新的教学方式和辅助手段被引入英语听力教学，对听力教学的改革发挥了重要作用。

英语听力技能的提高，各种语言知识的获得与积累，无不依赖于学生自身的参与和实践，并与其他语言技能的发展密切相关、相辅相成。通过多媒体能够实现以学生为中心的双向交流的开放式教学模式，改变传统的以教师为中心的单向灌输的封闭式教学模式，使学生能积极主动地参与各种教学活动，有效发挥其自身的能动性，提高听力学习兴趣，改进听力学习效果。

## （八）建设高校英语听力高效课堂

为了解决授课效果不够理想的问题，教师要重视高效课堂的建设。首先，教师要针对听力学习进行相应的学法指导。教师在授课结束之后不应该单纯地针对所教的内容进行详细讲解，还要告知学生课后提升听力的具体方法，提升学生的听力学习能力，帮助他们形成锻炼听力的习惯。其次，教师要借助网络在课后形成的信息反馈，及时针对学生的听力问题进行查漏补缺，完善教学内容，力求一切课堂活动都有助于学生有效内化知识。

# 第五章 高校英语口语课堂教学改革

随着全球经济一体化进度的不断推进，英语口语教学越来越受到高校的重视。但是由于受各种因素的限制，传统英语口语教学模式很难取得良好的教学成效，如何提高英语口语课堂教学成效一直以来都是高校英语教师不断探究的一个课题。本章分为口语课堂教学的内容、模式与目标、口语课堂教学中常见的问题、口语课堂教学的原则与改革策略三部分，主要内容包括口语课堂教学的内容、口语课堂教学的模式、口语课堂教学的目标、口语课堂教学的原则、口语课堂教学的改革策略等。

## 第一节 口语课堂教学的内容、模式与目标

### 一、口语课堂教学的内容

#### （一）语音

语音是口语教学的重要内容之一，包括音节、重读、弱读、连读、意群、停顿、语调等。错误的发音或不同的语调会造成理解困难，甚至使听者无法理解。

#### （二）词汇

语言能力培养是交际能力培养中至关重要的一环，而词汇则是交际活动得以实现的核心。口头表达能力是一种创造性技能，在合乎交际礼仪的交流框架构建起来后，整个交流的空间就有赖于词语这一文化和思想的载体来填充。

不难发现，在英语教学中许多学生对单词的所谓"掌握"实际上只是一般性的识记汉语释义和拼写，而不能造出相关句子。也就是说，语言交际框架的最基础阶段和层次的问题没有得到解决，在这种情况下，学生的口语能力很难得到提升。

可见，学生口语能力差的主要原因就是词汇掌握程度差。从这个意义上说，口语教学的内容也应包含词汇教学，要强调词汇教学的交际化。口语教学需从语

音，单词的音、形、义的练习，词的搭配，以及造句入手，不断扩大学生的掌握式词汇量或积极词汇量，这是口语教学的一个十分重要的切入点，是提高学生口语能力的前提和关键。

## （三）语法

在我国传统的英语教学中，语法教学一直处于中心地位。但是语法教学中仍存在一系列的问题需要改进，如学生能够较熟练地解答语法选择题，但在口头或笔头交际中却不能熟练地应用。

因此，语法教学也是口语教学的一个部分，或者说语法教学也应交际化。语法教学交际化需要完成三个方面的任务：①训练学生听懂特定的口语句型；②训练学生熟练地使用句型表达自己的思想；③向学生讲授英语口语句型的特点，并使学生掌握使用。有的教师和学生把词汇教学、语法教学与口语教学对立起来，这是口语教学中的一个严重认识误区。

## （四）会话技巧

语言学习的目的就是交际。在语言交际过程中要想实现有效交流，那就少不了一些技巧的运用，常见的会话技巧有以下几种。

1. 邀请

例如：

A：What are you doing tonight？

B：Nothing important. Why？

A：Come to my place for dinner，then.

2. 请求

例如：

A：Are you going out tomorrow？

B：No. Not really.

A：Are you using your bike then？

B：No. You want to borrow it？

A：Yes. If you're not using it.

3. 宣布

例如：

A：Did you listen to the news last night？

B：No，anything important？

A：Well，an earthquake was reported in ...

4. 失误补救

例如：

I'm awfully sorry ...

I really have been rambling on ...

I meant to ask the other day ...

That reminds me that ...

Just a second，I'm trying to think ...

5. 解释

这指的是当听者不明白说话者想要表达的意思或说话者找不到合适的与之相对应的表达方式时能够及时变换表达方式，运用同义词或其他解释性语言进行补充说明。

6. 回避

这指的是当遇到不知如何表达的情况时，说话者回避自己生疏的词汇和表达方式，选择自己熟悉的表述方式以避免口语交流的中断。

7. 转码

这指的是当说话者遇到无法解释的话语又无法回避时，适当地用其他语言代替表达。

8. 析疑

这指的是当听者未能明白说话者的意思时，可运用各种方式询问对方要表达的意思，使会话持续进行。这一技巧是避免会话中断的必要手段。

## 二、口语课堂教学的模式

### （一）一般模式

一般模式通常包括四个阶段，即背景铺垫（学生听）—布置任务（教师说）—执行任务（学生说）—检查结果（教师说）。下面将具体阐述各个阶段的任务和意义。

第一阶段是引导阶段，这个阶段可以采取不同的形式，可以让学生阅读资料或观看实物与画面等。听力材料的选择也没有统一的要求，可以是教师朗读文章或讲述故事，也可以是听录音资料或影像资料。事实上，无论学生听的形式怎样，也无论听到的内容是什么，其目的都是为学生将要执行的任务创造情境、提供背景信息。

第二阶段即教师布置任务阶段。此阶段的目的是为学生的"说"确立目标，制订方案，组织活动。第二阶段的过程虽然很短暂，却是为第三阶段服务的，为第三阶段能够顺利进行奠定基础。

第三阶段是执行任务阶段。执行任务阶段是整个口语教学的重点所在，这一阶段也就是学生"说"的阶段。在这一阶段，学生扮演主角，教师则尽量保持沉默，不要干预学生说话，也不要占用他们说话的时间。因为进行口语练习的第一步就是让学生开口说话，而不是评价学生说得正确与否。另外，这一阶段的活动时间也需要教师来合理控制，一般最佳活动时间应大约占整个活动时间的80%。

第四阶段是检查结果阶段。这一阶段主要是教师检查学生完成任务的情况，其主要目的是对学生的口语活动进行及时的总结，为学生提出必要的建议等。

## （二）3P模式

这是按外语教学过程而构建的教学模式。3P指的是Presentation（呈现）、Practice（练习）、Production（产出），每个P表示外语教学的一个阶段/环节。三个阶段互相衔接，可以加快其进程但不能跨越其中任一阶段。三个阶段又可以分为几步，如呈现一般分为引入（以旧引新，切入新学内容）和感知/呈现新内容两步；练习可分为机械练习、控制练习与自由练习；产出则可分为复用与活用。虽然任何一种语言材料的教学都必须经过这三个阶段，不能取消其中之一，但三个阶段并不一定在一节课上完成，一节课做不完，第二、三节课可以继续做，直到做完。

3P模式三个阶段的中心目标明确，教学程序清晰。语言的准确性和流利性是该教学模式所注重的对象，其目标是强化语言知识与技能，提高语用能力，提高学生参与的积极性。由于其具有较强的实用性、实效性以及可操作性，受到了广大教师的青睐。但是并不是所有人对该模式都持肯定态度，也有一部分人认为该模式过度强调准确，从而在很大程度上限制了学习者接触目的语的机会，缺乏有意义的语言运用，与实现真正意义上的交际还有很大距离。

## （三）Let's教学模式

1. 激活旧知，有效导入（Leading）

新课导入是为了将学生的心理活动引入一个新情境之中，让他们对所要学习的知识产生认识上的需要。在课堂教学中，运用科学的导入方法可以迅速吸引学生的注意力、激发学生的学习兴趣、调动起学生的求知欲望，使他们积极主动地去探索、精神振奋地去获取知识，从而提高英语课堂教学的效果。新课导入采用的方法有话题导入法、直观导入法、复习导入法、歌曲导入法、游戏导入法等。

2.创设情境，探索新知（Exploring）

探索阶段是教师与学生一起探索和发现新知的过程，主要运用文本材料，如听力部分与对话部分，把两大块教学内容整合在一起，用一条线把它串起来。这条线可以是某个话题、某个场景，也可以是某个人物、某个地点。在这一阶段，最重要的是如何设计形式多样的活动，让学生真正动起来。在设计活动过程中，教师要遵循三个原则：时效性原则、真实性原则、交际性原则。

3.聚焦难点，处理加工（Trumpeting）

这一步骤是指抓住本课的重难点内容，把输入的有效信息进行个性化处理和加工。在兵法上，地有所不争，城有所不取，不争和不取正是为了取得更大的胜利。教学上也是如此，必须把握主次、轻重、详略、缓急。突出重点、突破难点正是优化课堂教学、提高课堂教学效率的一个重要原则。教师组织课堂教学一定要注重方法的实用性和巧妙性。良好的方法能使学生尽快有效地理解、掌握所学的知识，让其更好地发挥天赋和才能，主要可以尝试以下几种方法：练习归纳法、游戏活动法、列表对比法、多媒体辅助法等。

4.深入探究，交流发现（Sharing）

实践表明，英语教学应为学生的全面发展和终身发展奠定基础，要求教师为学生提供自主学习和相互交流的空间，鼓励学生通过体验、实践、讨论、合作、探究等方式发展综合语言能力。创造条件让学生探究他们自己感兴趣的问题并自主解决问题。也就是要求教师在英语课堂教学中设计相应的拓展和延伸活动。教师对拓展活动的设计要以学生的生活经验和兴趣为出发点，以本课所学知识为立足点，尽量选择真实的内容、尽量采用真实的方式，这有利于学生学习英语知识、发展语言技能，从而提高实际语言运用能力。常见的英语课堂教学拓展与延伸的形式和途径主要有调查、列举、采访、表演、讨论、辩论、课外活动等。

### （四）任务型教学模式

任务型教学模式采用交际会话的方式，通过学生完成一定的交际任务达到培养语言运用能力的目的。该模式一般包括任务前阶段、实施任务阶段、汇报任务阶段和评价任务阶段。

#### 1. 任务前阶段

这一阶段为下一步练习奠定基础，也就是说这一阶段的主要目的就是让学生做一些准备工作，如语言上的准备、知识上的准备，也可以就话题做准备。在呈现任务时，教师要结合学生的生活和学习经验，创设有主题的情境，以此激发学生的好奇心和学习兴趣。

#### 2. 实施任务阶段

学生在接受任务后，可以采取结对子或小组自由组合的形式，也可以由教师设计许多小任务构成任务链等来开始实施任务。这种结对子和小组活动的形式可以让所有的学生都有练习口语的机会，并且在与同伴的交流中可以刺激学生认知的发展，另外这种形式还有利于培养学生互助合作的精神。

#### 3. 汇报任务阶段

各小组在讨论后会派出代表向全班报告任务完成情况，教师可以指定代表或者由小组成员推选。教师指定代表，可以激发该学生的学习兴趣；如果由小组推选，可以增强被推选的学生的自信心。两种方式各有优点。在学生汇报任务完成情况时，教师应该给予一定的指导和适当的帮助，使学生汇报得准确、自然。

#### 4. 评价任务阶段

在各小组汇报完毕后，教师应该进行总结，对学生的完成情况予以评价，指出各组的优点和不足。在评价时，教师应尽量对学生任务完成的情况持肯定态度，多给予鼓励和表扬，并评出最佳小组，让学生在完成任务之后，品尝到成功的喜悦，同时也要及时指出和纠正学生口语表达中的错误，正确地引导学生。在这一阶段，教师还应对特定任务的口语表达的具体模式进行总结，使学生掌握必要的口语表达方式，并且还要把握这一环节中评价的促进作用，挖掘学生的兴趣，调动学生的积极性，增强小组的竞争意识，以促进学生的不断进步和发展。

## 三、口语课堂教学的目标

大学阶段的英语口语教学目标分为三个等级，即基础目标、提高目标和发展目标。

## （一）基础目标

基础目标是针对大多数非英语专业学生的英语学习的基本需求确定的。具体如下：能就日常话题用英语进行简短但多话轮的交谈；能对一般性事件和物体进行简单的叙述或描述；经准备后能就所熟悉的话题做简短发言；能就学习或与未来工作相关的主题进行简单的讨论；语言表达结构比较清楚，语音、语调、语法等基本符合交际规范；能运用基本的会话技巧。

## （二）提高目标

提高目标是针对入学时英语基础较好、英语需求较高的学生确定的。具体如下：能用英语就一般性话题进行比较流利的会话；能较好地表达个人意见、情感、观点等；能陈述事实、理由和描述事件或物品等；能就熟悉的观点、概念、理论等进行阐述、解释、比较、总结等；语言组织结构清晰，语音、语调基本正确；能较好地运用口头表达与交流技巧。

## （三）发展目标

发展目标是根据学校人才培养计划的特殊需要以及部分学有余力的学生的多元需求确定的。具体如下：能用英语较为流利、准确地就通用领域或专业领域里一些常见话题进行对话或讨论；能用简练的语言概括篇幅较长、有一定语言难度的文本或讲话；能在国际会议和专业交流中宣读论文并参加讨论；能参与商务谈判、产品宣传等活动；能恰当地运用口语表达和交流技巧。

## 四、口语课堂教学的特点

### （一）教学内容的特点

英语口语教学的内容是广泛的，它不仅包括在口语课上教学生如何说，还包括从教学内容、教学安排等方面保证学生在课下也有大量的口语实践机会。因此，教学内容的广泛、可延展性是英语口语教学的一大特点。教师可以有计划地组织安排各种训练活动，把训练学生听、说、读、写、译等各项能力有机结合起来，根据不同阶段、不同的练习目的和主题采取诸如朗诵、辩论、表演、配音、口头作文等多种形式，把握适当的难易度，巩固学生的基本功，使教学内容成为一个可伸缩的、知识性与趣味性并重的系统。

另外，英语口语教学也是让学生拓宽知识面、了解不同文化的素质教育过程，兼有工具性和人文性。因此，设计英语口语课程时应充分考虑学生的文化素质和国际文化知识的传授以及听说能力培养的要求，给予足够的学时，鼓励使用先进的信息技术，开发建设网络课程，为学生提供良好的语言听说环境与条件。

各高校应根据学校的实际情况，按照大学英语课程教学大纲的要求和本校的教学目标和教学特色将课堂教学与第二英语课堂相结合，确保不同层次的学生在英语应用能力方面得到充分的训练和提高。无论是第二英语课堂，还是主要基于课堂教学的课程，其设置都要考虑不同起点的学生，从提高学习兴趣的角度出发，激发学习动机，从而使学生能大胆开口说英语。

### （二）教学模式的特点

英语口语教学不同于一般的知识传授过程，它的教学模式需要更多地体现英语教学的实用性、知识性和趣味性，要能调动教师和学生双方的积极性，尤其要体现学生在教学过程中的主体地位和教师在教学过程中的辅导作用。教师可以根据不同活动内容的需要，灵活多样地选择最恰当的教具和最直观有效的教学手段，激发学生的学习兴趣，提高学生的积极性和主动性。

根据学校的条件和学生的口语水平，各高校还可以充分利用网络环境，直接在网上进行听说教学和训练。网络教学系统能随时记录、了解、检测学生的学习情况以及教师的教学与辅导情况，充分体现英语教学的互动性。与其他教学模式相比较，口语教学的教学手段和教学方法的选择极大地影响着口语教学活动中学生互动性的实现程度，进而影响英语教学效果。

### （三）教学评估的特点

教学评估是高校英语口语教学的一个重要环节。全面、客观、科学、准确的评估体系对于实现教学目标至关重要。它既是教师获取教学反馈信息、改进教学管理、保证教学质量的重要依据，又是学生调整学习策略、改进学习方法、提高学习效率和取得良好学习效果的有效手段。对学生学习的评估可分为两种，一种是形成性评估，另一种是总结性评估。无论采用哪种形式，高校英语口语教学的评估都是考核学生实际使用英语语言进行交际的能力。其中，学生口语表达的准确性和流利程度是衡量口语教学效果的重要指标。

口语教学的主要内容是语音教学，自然规范的语音、语调将为有效而流利的口语交际打下良好的基础。尤其是在高校口语教学过程中，教师重视发音的准确性，而不过分强调流利程度，有助于学生培养良好的语言习惯。

### （四）教学管理的特点

英语口语教学的管理贯穿于高校英语口语教学的全过程，要确保英语口语教学达到既定的教学目标，必须加强教学过程的指导、监督和检查。

因此，英语口语教学的管理要做到以下几点：①必须有完善的教学文件和管理系统。教学文件包括学校的英语教学大纲和口语教学的教学目标、课程设计、教学安排、教学内容、教学进度、考核方式等。管理系统包括学生的口语成绩和学习记录、口语考试分析总结、口语教师授课基本要求以及教研活动记录等。②口语教学推行小班课，每班不超过 30 人，若自然班人数过多，可将大班分成约 30 人的小班，分开上口语课。③有健全的教学管理和培训制度。英语教师的口语水平是提高口语教学质量的关键，学校应建设年龄、学历和职称结构合理的师资队伍，加强对教师的培训培养工作，鼓励教师围绕教学质量的提高积极开展教学研究，创造条件因地制宜开展多种形式的教研活动。除课堂教学之外，对第二课堂进行指导的课时应计入教师的教学工作量。

## 第二节　口语课堂教学中常见的问题

美国普林斯顿大学教授莫尔登在《美国的语言学习和语言教学》一文中指出："语言是说的话，而不是写出来的文字"，"教语言，而不是教语言的知识"。美国著名的语言学家乔姆斯基认为："人类学习语言不是单纯模仿记忆的过程，而是创造性运用的过程。"综观外语教学法各主要流派，如"直接法""听说法""自觉实践法""交际法"等，我们会发现其中一个共同的特点，就是强调口语训练在外语教学中的重要性。

可见，我们学习一门语言，不能只记一些语言规则，一定要学会在适当的场合把自己的观点用所学的语言表达出来，并且，时代也要求我们这样做。随着改革开放的深入和信息化时代的到来，世界各国的交往越来越频繁，语言成了阻碍人们交往的巨大障碍。为了解决这个问题，英语作为一种国际语言，只停留在注重阅读能力的基础上，显然已经不能满足人们的需要。所以，综上所述，不管从语言的本质来看，还是从实际的需求来看，教授语言都不应该只注重读和写，而必须把说提到日程上来。

高校英语口语教学近几年受到了重视。可是，由于受到诸多因素的影响，口语教学的顺利开展还有一定的困难，口语教学中还存在着许多问题。要想有效地进行高校英语口语教学，还需要做出一定的努力。

## 一、重视程度问题

首先，就我国的大学英语教学大纲而言，它规定了大学英语教学的目的是培养学生具有较强的阅读能力和较高的听、说、写、译能力。虽然教学大纲提出了学生应具有较高的"说"的能力，但在"听""说""读""写""译"五项能力中，教学大纲更强调"读"。

其次，我国大学英语口语教学的观念较为陈旧。目前，虽然许多英语教育工作者和专家学者对大学英语教改提出了很多有现实意义的意见和建议，许多院校也采取了一些改革措施，但应试教育模式仍然存在。长期以来，中考和高考不考口语，英语教学只重视听力和笔试能力的培养。中学阶段对于英语口语的忽视是造成大学生口语基础差的一个重要原因，也是学生不能真正提高英语水平的原因。

此外，大学生为过级而学英语的现象比较严重。尽管从1999年开始全国大学英语四、六级考试已经在几个院校试行口试，但长期以来，四、六级考试还是注重听、读和写，对口语几乎不做要求。许多学生在考试指挥棒作用下忽略了口语的训练，而高校为了追求过级率，对提高学生的口语能力也关注不够。

## 二、表达方面的问题

口语学习除了要解决语音、词汇的问题，还要积累大量实用、简洁的英语口语句型。受传统英语语法教学的定式影响，很多学生一开口就是结构复杂的句式，从句套从句，一会儿用独立主格，一会儿用定语从句。学生自认为创作出了引以为豪的句子，然而这样讲话，英语国家的人是无法听懂的。因为这样的表达太麻烦、太复杂，令听者疲惫。口语是交流的工具，其目的是让别人迅速明白你的观点，因此不必表达得太复杂。口语的惯用表达句型需要长期的积累运用。平时学生在操练口语时，一定要学会使用口语化的句型。

## 三、缺乏英语口语环境

建构主义学习理论强调学习环境的重要性，认为利用情境创设、协作学习、会话交流等学习环境因素，能充分发挥学生的主动性、积极性和创造性。然而在口语教学实践中，仍然存在着诸多问题。比如，英语教学时数少，教师几乎没有时间提问学生，更别说留出时间练习口语，再加上班级人数较多，组织学生进行口语练习也很困难。可英语口语环境除了课堂外，其他使用口语的环境更少。这些因素都不利于学生英语口语水平的提高。

## 四、传统教学模式的制约

长期以来，高校英语教学的教学方式主要是灌输式的，这源于中世纪的语法翻译法一直占据着统治地位。语法翻译法认为，语言学习所包括的两个方面只不过是记忆语法规则和书面上的理解，熟练地使用外语的词法和句法。第一语言是作为第二语言的参照体系而存在的，是学习第二语言时必不可少的语言媒介。用母语解释新词语是语法翻译法所采用的学生学习单词的唯一手段，它要求学生对外语和本族语进行比较以强化记忆。它强调，阅读和写作是重中之重，而听和说几乎没有被安排，或者说几乎没有被注意。

"阅读和写作是语言转换最有效的途径"。虽然这种观点在19世纪中叶和末期就因为它忽视口语训练和语言习惯的养成，过分强调语法分析和翻译理解而普遍受到人们的指责，遭到了外语教学法各流派的反对，但它至今还活跃在中国一些高校的英语课堂上。教师上课照样是讲大量的词汇，一字一句地翻译课文。学生上课只需动笔，不需动口。即使使用现代化的多媒体技术，也很难改变这种局面。所以学生即使有想说的冲动，也被这种教学方式给扼杀了。

## 五、影响口语教学的测试体系

在中国，很多学生学习英语是为了应付考试。在初中阶段，是为了中考而努力；在高中阶段，是为了高考而努力；上了大学，是为了通过四、六级考试而努力。不管是中考、高考，还是四、六级考试，没有一项考试把口语放到像阅读一样重要的位置，中考、高考甚至不涉及口语方面的任何内容，四、六级考试也只是近几年才把口语测试作为考试项目，但不是必考项目，顶多算加分项目。这样的测试体系，只能让教师撇开口语，一心搞题海战术，导致学生说的能力比较差。

## 六、学生羞怯、自卑心理的影响

著名科学家爱因斯坦曾经说过："一个人智力上的成就往往依赖于性格上的伟大。"消极、悲观、恐惧和自卑这些不良性格必定对外语学习，特别是口语水平的提高带来消极的作用。在平时的课堂教学中，有这种性格的学生很少或者根本不敢表达自己的观点，久而久之，他们对这门课就失去了兴趣。

## 七、忽视创新发展与自主能力的培养

社会的进步和市场经济的不断发展对高等教育人才培养提出了更高的要求。高校需要贯彻落实"以人为本,全面发展更高水平的人才"的培养体系。发展素质教育和创新教育都离不开对学生创新能力的培养。语言是思维的载体,相比其他英语知识的学习,口语教学需要更加注重学习者的主观能动性和创造性。而学生构建语言的创造力在一定程度上取决于教师如何实施教学计划和开展教学设计,不论是课堂内容的选择,还是调动学生兴趣的活动设计,教师对口语教学都应该具备创新意识,清楚地认识到口语教学与其他英语知识教学的区别,不拘泥于甚至超脱原本的教材和教学方式。教师可以借助课外优秀的资源和材料辅助教学,开展多模态、多元化的教学,增加课堂吸引力。

此外,口语水平是交际能力的一种体现,师生之间的关系应打破主动输入加被动学习的模式,开发学生的创造力和能动性,让学生有意识、有兴趣地进行自主学习和自主创造。教师可以合理营造批判性的课堂环境,设置启发性和探索性的任务和问题引导学生自主开拓思维。

此外,教师也可以根据学生课堂反应情况在课后布置相应的作业,此类作业应以鼓励学生主动创造为目标,比如学生可以用提交录音或者视频作业的方式将自己的生活小事用英语进行陈述,也可以将读过的任意阅读材料进行归纳分享,或是进行主题演讲或自由演讲等。这些多样化的形式限定或者不限定主题均可,都可在一定程度上鼓励学生提高对口语学习的兴趣,同时也激发了学生表达的能力。学生在发散思维的课堂模式下,在批判性课堂环境中,在创造性任务要求下,会逐步改善被动学习的方式,慢慢生成更多的创造力和可能性。

# 第三节 口语课堂教学的原则与改革策略

## 一、口语课堂教学的原则

英语口语课堂教学主要是为了培养及训练学生对语言知识的转换能力,即让学生通过读和听获得信息,并在原有知识的基础上对它们进行加工、重组,赋予其新的内容,然后再输出语言,完成整个交际过程。通过对口语的特点和具体要求的分析,可以看出,口语教学目标的定位应该是培养学习者流利表达和有效交流的能力。为了达到这一目的，口语教学必须遵循相关的原则，以达到最佳教学效果。从具体的实践看，在教学过程中应遵循以下教学原则。

### （一）互动性原则

口语教学不是机械的训练，而应该是一种互动的操作训练，让学生在训练中练习口语。互动性原则强调的是动，也就是对某一话题进行有意识的动态性的练习。在课堂上，如果教师单纯采用提问的形式，学生开口的机会和时间都受到限制，这对提高他们的口语水平显然是没有多大益处的。

若要改变这种现状，教师就应该多开展生生之间的互动训练活动，比如对话练习、小组讨论、角色扮演等，这样一来，课堂的安静气氛必然会被打破，显得热闹，但这正表明所有的学生都在进行积极的、有意义的参与。如果没有一个活跃的口语课堂，那么学生的口语水平是很难得到提高的。

### （二）多样化原则

在实际的教学过程中，教师不仅应该运用多样化的教学手段，而且还应该运用多样化的教学方法。口语课应该是轻松愉快的，教师可以根据学校的实际情况，多运用多媒体，让学生通过图片以及原汁原味的英语，提高自己的口语水平。同时教师可以根据每堂课不同的教学目标，运用不同的教学方法，可以设计情景对话故事接龙、唱英语歌曲、看图说话等活动训练学生的口语。教师在学生能够开口说的基础上，应该注重训练其说话的流利性，并在语言的规范性、语音和语调的正确性上有更高的要求，给他们实践的机会。

### （三）科学纠错原则

在语言学习的过程中出现错误是不可避免的，在口语学习中更是如此。教师的任务是为学生提供连续、完整的交流空间，热情鼓励学生树立信心，大胆去实践，不怕犯错误，达到口语练习的最大实践量。口语教师的职责在于培养学生对语言的敏感度以及对自己、他人说话中的语言错误的识别能力。

在口语练习中，学生不可避免地会出现各种各样的错误，有的教师会匆忙打断学生的思维和交流去给他们纠错。这种方法实不足取，因为不仅会打断学生的思路，而且还会打击学生的信心，增强其恐惧心理，导致学生因害怕出错而丧失说话的勇气。一般是在学生表达之后，教师及时给予纠正。然而即便是这样，也要讲究策略，讲究科学的方法，对不同的学生犯的不同的错误进行区别对待，根据不同场合及不同性质用不同的方式处理。在操练语言的场合可多纠错，但在进行实际语言交际时则要少纠错。对学得较好、自信心较强的学生，当众纠错会给其心理上的激励；然而对于学习较困难、自信心较弱的学生要尽量避免当众纠错，防止加重其自卑感。

纠错是一个很敏感的话题，处理是否得当直接影响教学效果和学生学习的积极性。我们既不提倡对错误一定不放过，有错必纠；也不提倡采取宽容的态度，认为犯错误是完全自然的现象，从而对其放任自流、不予纠正，结果导致语言的僵化。因此，在口语教学中，纠错的最佳方法是先表扬、后纠正，注意维护学生的自尊心，并给他们自我纠错的机会。

### （四）内外兼顾原则

内外兼顾的原则是指不仅要注重课堂，而且还要兼顾课外活动。课外活动是课堂教学的继续和延伸，与课堂教学息息相关，因而教师不仅要注重课堂教学，还应该注重课外活动。课外活动是课堂教学的补充，目的是让学生复习、巩固所学的知识。教师应为学生提供各种语言环境，创造用英语进行交际的条件，指导学生在不同场合运用所学语言材料进行正确、恰当、流利的口语交际，比如组织英语角、竞赛，或者根据自由组合原则划分课外活动小组、安排小组活动等。另外，在课后作业上，教师可以让学生结成学习对子，培养学生的口语表达兴趣，利用一切可能的机会提高学生的口语能力。

### （五）小组互动原则

广东外语外贸大学外国语言学及应用语言学研究中心王初明教授曾指出，语言使用能力是在互动中发展起来的。离开互动就学不会说话，儿童是这样，成人也是如此，互动中潜藏着语言习得的机理。小组活动、结对子活动可以为学生提供更多独立说话的机会和时间，帮助他们克服开口说话的焦虑感。通过双人小组或多人小组活动可以增强学习者的动力，还能提升他们选择的能力，培养他们的独立性、创造性以及现实感。

另外，通过小组活动，学生能够获得来自同伴的反馈。组织小组活动要注意下列问题：①将任务布置清楚，通过各种方式让学生清楚任务的要求；②限定完成任务的时间；③给出明确指导，告诉学生预期的活动结果。

### （六）以学生为中心原则

口语教学事实上是由教师的教和学生的学共同完成的，教师是教学活动中的计划者和组织者，是教学过程中的示范者和引导者，学生才是课堂活动的中心。

口语教师相当于导演，学生是演员，因而要让学生从开始到结束都积极主动地参与其中。比如在分配任务时，不是让学生被动地等待教师的指派，而是教师为学生创设情境，通过一系列多样化的有趣活动来充分调动学生的积极性和主动性，让学生以自荐、推荐、抽签等方法将任务"抢到手"。

### （七）强调流利、注意准确原则

准确与流利在外语教学中的争议由来已久。从外语教学方法流派的演变历史来看，总的趋势是从强调准确向强调流利发展。20世纪70年代以前的教学法流派，包括语法翻译法流派、听说法流派等强调语言的准确性。这之后的教学法流派，如交际法流派、全身反应法流派、任务法流派等开始对流利性有所关注。

产生这一趋势的根本原因在于，现代社会的交通空前便利以及经济全球化等使社会对外语口语人才的需求急剧增加，导致外语教学的重心从书面语向口头语发生了不同程度的转移。通常来讲，书面语对准确的依赖性更大，而对流利的依赖性却很小。

从目前我国英语教学的现状来看，片面强调准确或片面强调流利都是不可取的。英语口语教学首先要强调流利，同时注意准确；书面语教学首先应该强调准确，同时注意流利。但是就我国英语教学的总体情况而言，则应该让强调准确和强调流利平衡发展。

## 二、口语课堂教学的改革策略

### （一）展示策略

#### 1. 展示的原则

（1）简易原则

所谓简易原则，是指展示要尽可能简单明了，切忌将简单的事情复杂化。在多媒体技术高度发达的时代，尽可能使用多媒体技术已经成为人们追求的目标，然而我们在展示中应该注意，不要为了追求新形式而使用多媒体。简易原则就要求我们如果无辅助设备能够展示得比较清楚，就不用多媒体展示，要尽量少用一些设备，不必无端地增加设备应用量。

（2）经济原则

所谓经济原则，要求我们在展示时用最少的时间、最小的精力投入、最低的财力投入获得最佳展示效果。任何事情的投入都讲究经济原则，对学生进行材料展示也不例外。教师在对学生进行材料展示时，如果出版社有配套的视频材料，最好选择多媒体。但如果没有配套的视频，教师可以自己制作动画。但如果自身不具备技术优势，需要请人帮助制作，就不如选择纸质文本，因为前者耗费的时间、精力、财力都很多，不符合经济原则。

（3）效果原则

所谓效果原则，是指展示方式的选择应以能够达到最佳展示效果为标准。如果多媒体设备展示要好于无辅助展示的效果，并且学校又具有配套的设备，那么，从效果原则考虑，最好使用多媒体展示。

2. 展示方式

依据不同的分类标准，一般可将展示方式做以下分类。

（1）按照材料的使用分类

①演绎展示。演绎展示是指教师根据教学的需要直接介绍，然后举例说明表达的方式，设计语境进行练习。

②归纳展示。归纳展示是指对文本材料、视频材料等进行分析、呈现的表达方式。一般情况下，先听对话、观看视频，然后根据对话和视频的话题呈现功能组织学生分析对话内容，找出表达语言的方式。

（2）按照展示主体分类

①教师展示。教师展示是指从教师的角度出发，由教师进行展示。一般来说，演绎展示多属于教师主体展示。另外，归纳展示中如果是教师根据材料进行归纳讲解，则同样属于教师展示。

②学生展示。学生展示是指展示由学生完成，多属于归纳展示。与教师主体展示不同，学生展示可以更好地发挥学生的主体作用，训练学生的分析能力。在展示中，学生通过对材料的分析发现表达方式，总结规律，从而提高自学能力。

（3）按照展示所用材料分类

①多媒体辅助展示。所谓多媒体辅助展示是指在展示功能时借助多媒体设备，如通过幻灯片、动画、视频、网络等展示对话材料，将所要展示的功能、所使用的语言和副语言呈现给学生。

②无辅助展示。无辅助展示是指在教学中使用纸质文本或者是现场的对话，利用黑板等设备呈现功能以及表达方式。无辅助展示通常在不具有现代教育技术，不具备使用多媒体、网络等现代教育技术条件的学校使用，而且是十分常用的手段。

## （二）训练策略

教师在对学生进行训练时，要使用合适的训练方式，遵循正确的训练原则，以保证训练的效果。

### 1. 训练的原则

原则是正确实施训练策略的保证，在具体的口语教学过程中，教师应该遵循以下原则。

（1）质量原则

该原则要求训练的效果以准确和得体为标准，即训练要保证学生能够在适当的场合使用适当的表达方式实践适当的功能。根据语域理论，不同的话题、不同的场合、不同的目的、不同的对象对语言的要求均不同。只有语言使用准确并且符合语域的要求，训练才算达到了目的。而作为训练的要求，语言必须形式正确、表达流畅。

（2）交际原则

为了使学生能够了解功能在具体语境中的意义，使学生了解语言和副语言的交际功能，我们的口语训练要遵循交际原则。因为训练的目的是交际，所以交际性在训练中起着十分重要的作用。要贯彻交际原则就有必要赋予训练交际目的，通过辩论、角色扮演等活动训练学生正确使用某种技巧的能力。

（3）真实原则

只有在精心设计的真实语境或者在现实生活中有可能发生的语境中进行练习，才能体现交际性。在模拟的语境中，我们可以设计不止一个语境，让学生反复运用需要练习的句型。由于是模拟的真实环境，所以学生可以有很长时间的准备过程，学生可以反复在同一个语境下运用同样的句型反复对话，直到他们感到满意为止。

### 2. 训练的方式

（1）控制性反应活动

控制性反应是指教师根据功能的需求设计训练的语境，学生根据语境提示做出行为反应或者语言反应。

语言反应的应用范围比较广，可以用于任何阶段的教学。语境的提示可以用图片、语言、视频等材料，视具体的功能要求、学习风格和学生的多元智能倾向而定。例如，在主动提供帮助功能的训练中，教师可以给学生呈现若干图片，提示需要帮助的几个语境，让学生看到语境说出可以用什么语言提供帮助。

（2）角色扮演活动

角色扮演也是口语训练中经常采用的活动形式。训练时不要把角色扮演与让两个学生一起朗读对话混淆，虽然两个人朗读也有各自的角色，但是它与角色扮演有本质的区别：①角色扮演中有信息沟，两个人要通过对话才能了解信息；②角色扮演要求教师提供一个新的语境；③角色扮演中每个角色具有一定的自由度，可以有自己的发挥。

### （三）文化导入策略

1. 文化导入的内容

词语意义和话语组织是文化对语言影响和制约的主要体现。因此，在口语教学过程当中，教师应从词语文化和话语文化两个方面进行文化导入。词语文化导入包括词语、习语在文化含义上的不同字面意义相同的词语在文化上的不同含义，以及民族文化中特有的事物与概念在词汇、语义上的呈现。话语文化导入包括话题的选择、语法的选择、话语的组织。

为了让学生能够在跨文化环境中成功进行交际，就必须弥补他们在社会认知方面的不足，因而在口语教学中加强词语文化和话语文化内容的导入就显得很重要。

2. 文化导入的方法

（1）结合教材导入

在具体教学过程中，教师可以依据每堂课的教学目标，并结合教材为学生介绍一些相关的文化背景知识，以丰富学生有限的文化知识。这种导入方式最自然也最直接。例如，在一堂关于节日的口语课上，教师可以向学生介绍与节日有关的文化常识，并拓展与之相关的词汇及节日用语。

（2）对比导入

在口语教学中将主体文化与客体文化进行对比分析，是一个帮助学生构建客体文化的行之有效的方法。运用这种导入策略时应充分发挥学生的主动性与积极性，教师可以提前给学生布置任务，让学生在课前查阅相关资料，然后让学生在口语课上轮流讲解，教师可以适时给予适当补充。这种方法对于激发学生的积极性以及培养学生的自主学习能力十分有效。

（3）通过多媒体导入

大部分学生都是在母语的环境下习得外语的，中国学生也一样，他们是在汉语的环境下学习英语的。因此，这就导致学生缺乏真实环境下对目的语文化的感受。但多媒体的运用可以弥补这一缺陷。多媒体可以真实地再现情境，使学生产生身临其境的感觉。有些多媒体还可以为学生创造互动式交流的机会，能有效地激发学生的学习热情。

### （四）应用策略

应用是功能学习的目标，同时也是英语口语教学的关键环节，更是口语教学最大的特点。学生的交际能力是通过应用得到锻炼的。

1. 应用的原则

（1）得体原则

得体指的是在交际中使用的语言必须符合交际目的、交际对象、交际场景的要求。在现实生活中，并不是每个人的发音都那么标准、语言表达都那么准确。因此，得体性是应用阶段的首要标准，不管是在本文化范围内的交际还是跨文化交际都要得体。

（2）真实原则

缺乏真实性也就谈不上应用。真实原则是指在真实的情境中与真实的对象进行具有真实目的的交流。这就要求应用阶段所设计的语境必须是现实生活中可能出现的语境，学生所扮演的角色也应是在现实中有可能出现的，需要解决的问题也必须是现实生活中可能发生的。如果缺乏真实性，为了活动而活动、为了学习而学习，应用就失去了价值。

（3）产出原则

应用阶段的活动要以产出性活动为主，不管是语言产出还是非语言产出。从交际的要求来讲，这里的产出性更多指语言的产出。因此，在应用阶段不能设计太多的输入性活动或者是理解性活动，而应该设计表达活动或者说是输出性活动。

2. 应用阶段的活动

与训练阶段不同，应用阶段的信息沟所提供的必须是真实的语境，有真实的目的，信息沟中参与交际的双方有明确的目的和任务。既然是应用，所以通常学生没有反复准备操练的时间，而是如在真实环境中一样直接进入交际。

（1）信息沟

应用策略中的信息沟必须有真实的目的、真实的语境，并且参与交际的双方有明确的目的和任务。

（2）角色扮演

应用阶段的角色扮演就应该是提出问题、设计语境，学生可以选择角色，教师可以分别给每个小组准备的时间，然后直接参与讨论。例如，给学生设计一个家庭会议的情境，讨论择业问题，小组中每个学生分别扮演不同的角色，有人支持，有人反对。

（3）观点沟

其与信息沟的要求大致一样，仅仅是通过对话交际者获取的信息不同。在应用阶段，教师可以根据具体的语言材料和学生的认知特点设计相应的活动。在形式上，观点沟可以是座谈辩论，也可以是记者招待会。

（4）问题解决

问题解决活动中的问题可以是生活或者工作中的具体问题，也可以是任务，如到车站接人、处理突发事件、进行社会交际。这样不但可以检查学生语言的使用情况，而且也可以检查学生语言的应用情况。

## （五）评价策略

### 1. 形成性评价

课堂教学过程中的形成性评价是教学设计所关注的核心内容。与其他课堂教学中的形成性评价一样，在设计口语课堂教学中的形成性评价时教师要能够把课堂教学的功能目标分解成几个阶段性评价目标，然后根据每个阶段性目标的特点设计相应的评价活动。课堂教学过程中的形成性评价主要是为了判断学生是否达成了阶段性目标，如果没有达成，其影响因素是什么，下一步活动应该如何开展。

课堂教学过程中的形成性评价的开展首先要求教师要有评价的意识，在设计教学活动时就要考虑学生的认知发展需求，预测各种可能性，并且设计相应的活动。根据形成性评价的要求，课堂教学过程中教师要通过自己的课堂观察与学生之间的对话判断学生的学习进展，为学生各项能力的发展提供自我建构的环境。

### 2. 总结性评价

口语教学中的总结性评价必须根据课堂的口语交际能力目标设计。至于口语教学中的目标达成评价可以采用应用性活动的方式进行。也就是说，应用阶段的产出性活动本身就可以作为目标达成评价活动。总结性评价可以根据学生的具体情况采用不同的评价标准。

### 3. 口试评价标准

要对口语教学进行评价，一般要考虑四个方面：总体可理解度、语音、语法、流利程度。

# 第六章　高校英语阅读课堂教学改革

英语阅读是英语学习的基本技能之一，能够使学生获得信息和乐趣，还能巩固学生的英语知识，扩大学生的英语知识面。英语阅读课堂教学作为英语课堂教学中的一个重要组成部分，能够提高学生的自主学习能力和综合运用能力，增强学生的综合文化素养。本章分为阅读课堂教学的内容与目标，阅读课堂教学中常见的问题，阅读课堂教学的原则与策略三个部分，主要内容包括阅读课堂教学的内容、阅读课堂教学的目标、阅读课堂教学的原则等。

## 第一节　阅读课堂教学的内容与目标

### 一、阅读课堂教学的内容

英语阅读课堂教学的主要任务是培养学生的各种阅读技能，具体包含以下方面：①辨认单词；②猜测陌生词语；③理解句与句之间的关系；④理解句子及言语的交际意义；⑤辨认语篇指示词语；⑥通过衔接词理解文字各部分之间的意义关系；⑦从支撑细节中理解主题；⑧将信息图表化；⑨确定文章语篇的主要观点及主要信息；⑩总结文章的主要信息；⑪培养基本的推理技巧；⑫培养跳读技巧。

### 二、阅读课堂教学的目标

《大学英语教学指南（2020版）》明确了英语阅读教学的基础目标、提高目标和发展目标。

#### （一）基础目标

①能基本读懂题材熟悉、语言难度中等的英语报刊文章和其他英语材料。

②能借助词典阅读英语教材和未来工作、生活中常见的应用文和简单的专业资料，掌握中心大意，理解主要事实和有关细节。

③能根据阅读目的的不同和阅读材料的难易，适当调整阅读速度和方法。
④能运用基本的阅读技巧。

## （二）提高目标

①能基本读懂公开发表的英语报刊上一般性题材的文章。
②能阅读与所学专业相关的综述性文献，或与未来工作相关的说明书、操作手册等材料，理解中心大意、关键信息、文章的篇章结构和隐含意义等。
③能较好地运用快速阅读技巧阅读篇幅较长、难度中等的材料。
④能较好地运用常用的阅读策略。

## （三）发展目标

①能读懂有一定难度的文章，理解主旨大意及细节。
②能比较顺利地阅读公开发表的英语报刊上的文章，以及与所学专业相关的英语文献和资料，较好地理解其中的逻辑结构和隐含意义等。
③能对不同阅读材料的内容进行综合分析，形成自己的理解和认识。

# 第二节　阅读课堂教学中常见的问题

## 一、阅读教学理念错位

英语技能教学之一就是阅读教学，然而，在有些高校中有一部分英语教师错误地把词汇教学、语法教学混为一谈，他们错误地认为阅读过关的关键就是词汇和语法过关，只要这两项过关，阅读自然就没问题。受这种错误理念的影响，这些教师的课堂教学仍停留在句意分析、词汇理解阶段，至多也就是达到篇章分析的程度，甚至有的英语教师还在生硬地要求学生背单词。这种教学方式往往导致学生养成逐字逐句、"精益求精"的阅读习惯，属于典型的抛开技能教知识，容易使学生形成固定的思维模式，并把这种"慢条斯理"的阅读方式奉为不二法门。如此，学生可能会背许多阅读课的单词，但是却不懂得在阅读中如何一目十行地"略读"，如何带着问题找答案地"寻读"。

有些教师在英语阅读课堂教学中会忽视渗透加强学生思维能力的培养，忽视从学生的思维层面去指导他们发展阅读策略，通常向学生提出的阅读理解性问题，都是他们可以在语言材料的字面上直接找到的，较少从逻辑、分析、推理、判断、综合分析等多个层次引导学生思考、质疑或与作者对话，较少提供一些学生根据材料内容理解和重组材料之后才能回答的问题，较少提供一些思考问题使阅读材料与学生生活或者人生的启示建立联系，无法使学生从观念、情感、文化或者价值观等方面进行有意义的思索，进而难以激发学生的深层阅读兴趣。如果学生经常感到阅读对他们的智力活动没有挑战，就会感到索然无味，慢慢失去对阅读的兴趣。

## 二、缺乏扎实的理论基础

目前，部分高校英语教师对阅读原理及相关基础知识知之甚少或知之不详。虽然他们也告诫学生，阅读时不要逐字逐句按着书本"指读"或是一板一眼地盯着书本在心里默念进行"心读"，但是对采取以上两种方法的弊端却解释不清，无法从理论层面消除学生心中的疑惑。还有些教师不清楚思维与阅读的关系，不熟悉图式理论。更多的教师对于与阅读教学息息相关的冗余信息理论和含混容忍度理论等一无所知。也正是由于缺乏正确的理论指导和必要的基础知识，一部分教师在英语阅读课中仍然沿用传统的、带有教学弊病的教学模式，他们缺乏打破传统模式的勇气和方法，使得英语阅读教学的改革停滞不前。

## 三、学生英语阅读的障碍

### （一）学生的认知风格导致的阅读障碍

认知风格主要指人们接收、组织和检索信息的不同方式。研究者将认知风格分为两种类型，即场依赖型风格和独立型风格。场依赖型学习者的特点是依靠外部参照系统处理有关信息、倾向于从整体上认识事物、往往缺乏主见、社会敏感度强、易与他人交际。而独立型的学习者的特点是以自我为参照系统、倾向分析、具有独立性、社会交往能力相对较弱。

研究者发现，独立型学习者倾向于模仿句子时省略项目，保留整个短语，而场依赖型学习者正好相反。场依赖型学习者在自然环境下学习外语更易成功，而在课堂教学环境中，独立型学习者可能更占优势。对于外语学习者来说，不同的学习目的和任务、不同的学习环境需要不同的认识风格和学习策略。而工作在第一线的教师应了解不同学习者的不同认知风格，针对不同的学习任务、不同的学习环境，注意发挥各类学习者的特长，并相应地对学习者的学习策略和认知风格加以引导，激发学习者的外语学习兴趣。

## （二）学生的思维方式导致的阅读障碍

传统的价值观是文化的核心。每一个民族都有其独特的价值观念体系，这套体系直接影响人们的思维方式、交往规则，对人们的社会生活起着指令作用。处于同一文化背景的人共享同一种价值观，交往并不困难；反之，则容易引起误解。但处于不同文化背景的人，了解了各自的观念、差异，就能做出比较准确的预测，使交际成为可能。

价值观涉及的范围很广，诸如世界观、群体取向、个人取向、时间取向等，这些方面的差异构建了不同的思维方式。比如中国传统的宇宙观是"天人合一"，体现在人对自然的顺从及崇拜上。而西方哲学家则提出"天人相分"的观点，即人与自然相分立，人应处在支配和改造自然的位置，否则是懒惰和缺乏进取的表现，会受人唾弃。

不同的价值观形成了不同的思维方式。有人指出，中国人的思维有从大到小的特点，如讲时间按年、月、日、时为序，写地址依国、省、市、县、区、街、室为序；而英语的表达则恰恰相反。这体现了中国人的整体思维，即自然与人处于一个统一的整体结构中，由大到小也就是先整体后局部；而西方人则认为相互独立的部分组成了世界，因此由小到大、由点到线，他们的思维方式是归纳式的、线式的。

还有学者认为，英语是一种理性语言，其理性特征体现在当语法规范与逻辑规范发生冲突时，总是语法让位于逻辑。而这种理性特征与欧美哲学较早地与科学技术相结合有很大关系。某一特定语言的民族的思维习惯是语言、文化、思维不断转化的结果，因此不同文化在思维方式方面的差异也会造成在交往规范、编译码方式、词法、语法等几方面的不同。

## 四、英语阅读训练手段缺乏

一部分高校的英语阅读课教师，特别是一些中青年骨干教师已经发现了阅读教学存在的种种弊端，但是受传统教学模式和开拓进取心不足的影响，他们心有余而力不足，无法从根本上解决阅读教学中存在的问题。

以学生的阅读速度为例，一些高校英语教师在阅读教学中不重视对学生进行阅读速度的训练。教师不清楚自己所教授学生的英语阅读速度，也找不到提高学生阅读速度的有效途径。

目前，阅读教学中用于提高学生阅读速度的最普遍的方法就是限时阅读，而限时阅读过程中学生往往无法按照规定的速度匀速阅读，通常是一开始赶速度，后来越读越慢，出现前紧后松的现象，且由于时间安排不合理，往往在测试中不能按时完成阅读。

## 五、忽视英语阅读策略的培养

有的教师受一些传统的英语阅读教学观念和教科书的影响，把阅读教学仅仅看成语言点的讲授（例如讲解新语法和词汇），对于培养学生的多种思维和理解能力、掌握各种阅读技能的阅读教学目标认识不足，以为学生只要多读、多做阅读题、增大词汇量就行。因此，这些教师偏离了应当促进学生英语阅读理解能力提高和掌握阅读技能的宗旨，忽略了阅读策略指导和对阅读难度的预测（比如学生对阅读的兴趣偏低或者畏难情绪比较普遍）。在英语阅读课堂教学中教师应注意指导学生运用阅读策略，例如：运用代词、冠词等推测或判断人物关系，或根据上下文猜测词义等；根据标题、子标题、图片、读前问题等寻找线索，对阅读的每个阶段形成预测或者一定的期待。还有教师忽视培养学生的课外阅读兴趣，或指导学生开展课外阅读任务。

## 六、英语阅读环境与阅读材料的制约

毋庸置疑，英语阅读环境与阅读材料在很大程度上制约了读者阅读理解能力的提高。

首先表现在语言环境方面。中国的英语学习者在语言环境方面不同于有些第二语言的学习者，那些第二语言的学习者一般都有一个比较自然的语言环境，周围有众多该语言的本族语使用者。由于种种原因，他们之间可能会有各种各样的联系。同时，由于该语言可能是官方语言的一种（如英语是加拿大、新加坡、印度等国的官方语言），新闻媒介、官方文件、广告等为学习者提供了一个比较真实和自然的语言环境，而中国学生学习英语就很难有这样的语言环境。

其次，阅读材料的选择是高校英语教学中的一个关键问题。围绕如何选择适当的阅读材料这一论题，国内外研究人员从理论和实践方面做了许多有益的探索，得出的结论是应选择与学习者的语言水平和兴趣相适合的阅读材料。其中，兴趣是一个比较重要的标准。学生可以自己选择适合的真实的阅读材料，以便享受到阅读的乐趣。而教师则应创造时间和空间，为学生提供宽松的阅读环境和真实的阅读材料。学生对于材料的满意程度取决于材料本身是否符合他们的标准和需求，这种标准一般由学生的学习目的、学习期望、语言水平、知识面、兴趣范围等因素决定。当阅读材料在各方面较为符合他们的情况时，阅读会给他们带来满足感；相反，当材料在各方面与学生格格不入时，情形就非常糟糕，非但不能激发学生的阅读兴趣，还会使学生心生厌倦，对阅读产生反感。

由此可见，在以学生为中心的阅读教学中，阅读材料应以学生的阅读需求为基础，以学生的选择标准为准绳。教师在选择阅读材料之前，应尽可能地对学生的学习目的、学习期望、语言水平，以及对文章的趣味性、难易度、信息量、文章类型等方面的情况有一个深入的了解，做到有的放矢、有据可循。教师通过分析学生的阅读需求，总结出学生对英语阅读材料的衡量标准和有关要求，从而能为高校英语阅读选材提供一个比较客观的依据。

### 七、不重视课外阅读

课外阅读是高校英语阅读教学中不可或缺的重要组成部分。《高等学校英语专业英语教学大纲》中明确规定："学生的课堂教学应注重与课外学习和实践活动结合。因为课外学习和实践是课堂教学的延伸与扩展，它能培养和发展学生的实际应用能力，学生应在教师的指导下有目的、有计划、有组织地进行学习实践。"教学大纲将课外阅读放在如此突出的重要位置，主要有以下三个原因。

第一，课外阅读是提高学生阅读质量的有效途径。课外阅读可以提高学生的阅读理解能力，加快阅读速度，并在阅读过程中培养语感。

第二，课外阅读是培养学生自学能力的最佳途径。未来教育的发展趋势是终身学习，而终身学习所必须具备的就是超强的自学能力。学生通过大量的课外阅读培养和增强自己的自学能力，这种能力的养成必将使他们在今后的工作中处于有利地位。

第三，课外阅读是创造语言环境的良好途径。语言环境是提高学生学习效率的重要因素之一。大量的课外阅读可以使学生的阅读能力、语感和写作能力得到提高。然而遗憾的是，大部分教师没有对课外阅读给予足够的重视，没有把课外阅读纳入阅读教学范畴。

## 第三节 阅读课堂教学的原则与改革策略

### 一、阅读课堂教学的原则

#### （一）循序渐进原则

学生阅读能力和阅读水平的提高不是一蹴而就的，它是一个循序渐进的过程。而阅读教学目标的达成是一个合理总体规划和长远规划的过程，也不可能立马达成。因此，在阅读课堂教学的过程中，教师应遵循循序渐进的原则，对阅读材料的选择、阅读方法的选择、阅读任务的完成等进行细致周密的考虑，并引导学生寻求最适合自己的学习方法，扎扎实实地学习，最终实现阅读能力的提高。

### （二）因材施教原则

每个学生都有独特的个性，每个学生之间都存在着差异，因此因材施教原则也是阅读教学中教师应遵循的重要原则。所谓因材施教是指教师根据学生的个体差异，采用不同的教学方式和方法，力争使每个学生都能相应地发展阅读技能。例如，有些学生基础较好，有着浓厚的学习兴趣，基本的阅读根本不能满足他们的阅读需求。针对这样的学生，教师可以布置一些具有挑战性的阅读任务，或向其推荐一些名著等。而有的学生阅读基础较差，由于自己较差的成绩而失去信心，自暴自弃。对于这样的学生，教师应在教学过程中不断鼓励和表扬他们，以使他们重新建立信心，同时给他们布置一些难度较小的阅读任务，然后逐步增加难度，使他们不断进步。

总而言之，教师要考虑到每个学生的特点，并对其特点进行仔细分析，采用不同的教学方法和手段，以有效提高学生的阅读水平，获得最佳教学效果。

### （三）激发兴趣原则

阅读教学成败的关键就是学生对阅读是否有浓厚的兴趣。兴趣是最好的老师，它可以激发一个人对事物的热情，可以调动一个人的积极性。同样，对阅读产生了兴趣，学生才会主动地、投入地去学习。所以，在教学过程当中，教师要注意丰富教学内容，采用多种教学手段，适当调整教学内容，使学生对阅读教学保持新鲜感，激发学生的积极性，引发学生的兴趣，使学生由被动阅读变为主动阅读。

### （四）选择适当的教学模式原则

一般来说，英语阅读教学模式有三种，分别是自下而上模式、自上而下模式和交互作用模式。自下而上模式，即生词短语→单句理解→段落理解→全文理解。该模式强调阅读中的语言形式。自上而下模式，即全文理解→段落理解→短语单句→生词短语。该模式强调语篇和语义的理解。互动式模式也是现阶段教师采取较多的阅读模式。首先，运用"自上而下模式"让学生带着生词阅读短文，获取信息，然后再用"自下而上模式"让学生关注语言形式，学习语言知识。基于这种阅读教学理论，教师一般采取"三段式"阅读教学，即 Pre-reading，While-reading，Post-reading。

词汇问题可以说是造成学生阅读困难的主要因素，因此很多研究都认为自下而上的教学模式应该受到重视。但这一模式并不能有效激发学生的阅读兴趣，甚至会削弱学生的阅读兴趣，因为学生对于单词本身并不感兴趣，学生感兴趣的是由单词组成的故事。所以，阅读课堂教学采取的模式应是以自上而下的模式为主，以自下而上的模式为辅。

### （五）适当调节速度原则

阅读速度的快慢和理解能力的大小并不成正比。有些学生阅读速度很慢，但是理解能力却并不高；有些学生阅读速度很快，但理解能力并不差。出现这样的情况和学生的语言知识基础有关，所以教师在阅读教学中不宜一味地让学生加快阅读速度，而应根据不同的情况适当地调节阅读速度。如在教学初期，应放慢阅读速度，重点是加强学生的基础知识，使之对材料进行有效的理解。随着基础知识的增多，阅读速度亦应随之加快。所以，适当调节速度这一原则就是要求教师在阅读教学过程中做到张弛有度，根据不同阶段的教学目标做出相应的调整。

## 二、阅读课堂教学的改革策略

### （一）阅读准备策略

传统的阅读课堂教学注重知识的讲解，比较枯燥。进行阅读前的准备活动十分重要，因为阅读前准备活动可以使学生在尽可能短的时间内了解与所要阅读材料相关的信息，激活有关话题的背景知识，使学生尽快进入文章角色，并调动学生的积极性，为进一步的阅读做好准备，打下基础。阅读前准备活动包括以下几个方面。

1. 清障碍

上述我们提到，词汇是影响学生阅读能力提高最主要的因素，因此教师应在阅读教学的过程中通过对话、故事、图片等形式给学生输入词汇，扫除词汇障碍，从而更好地帮助学生阅读。教师可以在课前给学生布置一些预习的任务，这样不仅能培养学生学习的积极性，还能帮助学生明确预习目标，做到有的放矢，并能为课堂教学的顺利进行做好心理和知识的准备。这种有针对性的预习不但能加快课堂的节奏,增大课堂的容量,而且也能加快学生理解的速度、增强学生理解的深度。

2. 逐步扩展

一篇文章由很多单词构成,这些单词再通过语法结构构成句子。在教学过程中,有时候一种语法现象会出现在几个单元当中,教师要注意到这个特点,并在教授的过程中不断提及这种语法现象,以增强学生的记忆。在英语学习过程中,语法学习的难度是递进式的,所以在学习新的语法点时,教师要结合旧的语法知识,通过对旧知识的复习引出新的语法点,从而使学生学到新的知识,并巩固旧的知识。

3. 了解背景知识

每一门语言都承载着一种文化,学好一门外语,不单单要背其中的单词,还要学习和了解语言背后的文化。所以,教师在阅读教学前,有必要为学生介绍一些与文章有关的社会文化背景知识,这样不仅能使学生更好地了解阅读的内容,还能激发学生的阅读兴趣,提高学生学习的积极性。"背景知识"通常指在阅读某材料之前要了解的知识,既包括普通常识,也包括读者日积月累的经验。

4. 预测情节

如果学生能很好地预测情节,这将对阅读教学的顺利完成起到很大的作用。因此,教师在课前可以让学生根据题目或一些关键词,进行大胆的想象,预测情节。这种方法不仅可以激发学生的好奇心,引发学生的阅读积极性,巩固学生对已有知识的掌握程度,还能培养学生的逻辑推理能力,为学生准确把握文章的主旨起到很好的推动作用。通常,题目是一篇文章中心的体现,所以教师可以根据课文的题目引导学生去预测课文的内容。预测内容的正确与否,对理解文章会有影响。此外,教师可以引导学生根据文章的关键词对课文内容进行预测,让学生充分发挥自己的想象力,然后通过阅读课文来验证自己的预测。

## (二)阅读进行策略

阅读的过程实质上是认识层次的推测与验证相互交替的过程,因而这里所说的阅读中的方法强调的是阅读过程的分析,而不是传统的阅读结果。阅读进行策略包括以下几种。

1. 略读

略读是一种选择性阅读,对于信息也是有选择地获取,因而不要求学生逐词逐句地阅读，只需选读每段的首尾句，有时只要阅读段落的主题句，抓住阐述主题的主要事实或细节即可。在采用这种策略进行阅读时，学生可有意识地略过一些词语、句子，甚至段落，对于一些细节或例子则无须关注。略读是需要技巧的，在略读中首先要关注的是文章属于什么题材，涉及什么内容。然后重点阅读第一段，因为往往第一段就涵盖了文章的大概，有助于我们抓住主要情节或论点。如果第一段较长，也可只读三五句。在读完第一段后应抓住文章的主要情节或论点。最后阅读每一段的首句和末句，因为各段的首句和末句给我们提供了文章的线索。如果文章的最后一段看上去是总结或结论段，就应较仔细地读完全段。

2. 扫读

扫读是一种寻找文章中的特定信息或特定词组的阅读策略，它对于提高阅读效率十分有效。扫读时没有必要仔细阅读整篇文章，只需从上至下迅速搜索所需内容即可。在扫读的过程中，学生可以忽略那些与题目无关的信息，积极寻找那些与题目要求相关的信息。在四、六级的快速阅读中运用此方法可以起到显著的效果。

3. 跳读

阅读的目的不同，采取的策略也不尽相同。有时候只需要查找我们所需要的信息，这时就没有必要逐字逐句、从头到尾通读下去，就可以采用跳读的方式。跳读的目的主要是根据问题去寻找答案，准确定位详细而又明确的信息，尤其是在时间来不及，不可能进行通篇阅读，而对选择题的几个选项又无法判定时。

在使用跳读这种阅读策略时，通常需采用以下步骤：①首先要理解问题。大致了解选项中所说的内容，然后确定所需要的信息及这种信息的出现形式。例如，你想知道在什么地点发生了何事，你就会特别关注地点和事情的经过；你想知道是谁做了某事，你就会特别关注人物。②根据问题提供的线索，再回到文中去，明确到哪里去寻找所需的相关信息。③快速搜索，找到所需的相关信息，并对其进行加工处理。如阅读问题中要求选出时间、地点、人物、做事的方式、事情的起因或结局，可以边读边做记录，以便于查找。④对于一些无关紧要的信息，可以省略不读。⑤再返回到问题中，比较分析问题中的选项，确定哪个是最确切的信息。

4. 寻找主题句

确定主题思想是正确理解文章的关键，而确定主题思想的关键就是找准主题句。文章的中心思想也就是作者的基本思路往往是通过主题句表现出来的。主题句一般概括了文章的大意，结构简单。主题句的位置十分灵活，但通常位于开头和结尾，有时也会出现在中间，甚至还会出现没有主题句的现象，此时的主题句蕴含在了整篇文章当中。

主题句的特点：①语句表述较概括；②句子结构较简单，一般不采用长难句的形式；③段落中的其他句子都用来解释和支持主题句所表述的中心思想。

5. 推理判断

有时候所需的信息并不能从文章字面意思上看出，此时就需要进行推理判断。推理判断是深层阅读的要求，阅读时要求学生以理解全文为基础，以各个信息为出发点，对文章逐层进行分析，最后准确地推断总结出文章的中心思想。可以进行直接推理判断，也可以进行含蓄推理判断，有时需要推断文章的来源。

6. 信息转换

表格、图画加小标题、流程图、条形统计图、地图、树形图等是阅读教学中常用的转换方式。这样的转换方式可以将文中的形式信息转化为可见信息，把文章中的信息保留在记忆中，从而加深印象。

7. 词义猜测

语篇分析教学虽然强调整体教学，但并不排除对比较重要的有助于篇章理解的词句的教学。词句教学继承了传统教学法中合理的部分，和语篇分析互相促进，在注意打好学生的语言知识基础的同时，又注意到了学生的语言交际能力的培养。

冗长的句子对于学生来说非常难以理解，总是会打断学生的阅读。因此，基于语篇理论来讲，教师应该引导学生抓重难点语句，把一些长句、难句放到一定的语言环境中进行语法分析。在学生了解了语篇的整体之后，教师再引导学生归纳文本的表达信息与体现作者思维过程的语句，切忌一字一句地讲解，这样既没有重点，又会让学生脱离语境孤立地去学习单词、语法。

另外，教师也可以将一些推测词义的策略应用到词汇教学中，比如通过上下文、词性等来猜测词义。教师在处理词汇这一部分时不能脱离语境生硬地讲解，可以把词汇融入设计的问题题干，在理解的同时还可以直接呈现词的用法，以此培养学生凭借语境猜测单词含义的能力。

8. 提问

在阅读教学中，提问也是最常用的策略之一。但是提问也是有层次的，所以，教师在提问的时候应着重把握提问的频率和难度。根据学生需要掌握的信息来划分，提问包括以下五种类型：①表层理解，即在课文中可找到问题的答案；②深层理解，要求学生根据文章提供的信息以另一种形式组织或解释；③推理性理解，要求学生对文章字里行间蕴含的意思加以认真阅读和思考，做出准确推理；④评价性理解，要求学生根据材料所提供的信息做出正确判断；⑤个人理解，这源于学生对课文内容的理解和反应。在教学的过程中，上述五类提问方式不可能都涉及，所以教师可根据具体情况做相应的调整。

## （三）阅读后策略

阅读后阶段也是教学中的一个重要环节，它是对所学知识进行巩固和运用的阶段，目的是练习、巩固和拓展学生在阅读过程中所学的语言知识，并为培养和提高学生的说和写的能力打好基础。在这一阶段的教学中，教师应设计一些与课文内容相关的活动，充分发挥学生的想象力和创造力。具体活动包括复述、转述、填空、写作等。

1. 复述

复述是一种具有挑战性的口语练习，其前提是学生对阅读材料已经有了一个大致的了解，并消除了生词障碍。在这一过程中，教师可以让学生根据图片和关键词来复述阅读材料的大致内容。

2. 转述

转述针对的是对话性语篇，因此教师可以让学生用第三人称转述所学的内容，引导学生将对话转述为描述性语篇。

3. 填空

填空就是教师写出文章的概要，为学生留出一些空白让学生填写。在填写时，教师可鼓励学生尽可能地使用不同的词和短语，而不局限于原文的词或短语。

4. 写作

在这里，写作指的是对阅读材料的仿写和续写。根据课文内容，教师可以让学生写出文章的摘要。如果课文是叙述性文章，教师可以安排学生续写文章，以扩大学生的想象力，培养学生的发散思维。

在具体的阅读教学过程中，上述阅读教学策略不可能全都会用到，但是针对不同的阅读材料，适时地选用其中一两个，可以有效激发学生的阅读兴趣，提高学生的阅读技能，达到阅读教学的目标。

# 第七章　高校英语写作课堂教学改革

高校英语写作是培养学生英语交际能力的重要组成部分，也是衡量学生综合语言运用能力的重要指标。本章分为写作课堂教学的内容、模式与目标，写作课堂教学中常见的问题，写作课堂教学的原则与改革策略三个部分，主要内容包括写作课堂教学的内容、写作课堂教学的目标、写作课堂教学的原则等。

## 第一节　写作课堂教学的内容、模式与目标

### 一、写作课堂教学的内容

写作课堂教学的基本内容包括结构、选词、句式、拼写和标点符号等方面。

#### （一）结构

1. 谋篇布局

谋篇布局是写作的重要准备工作。因为结构是写作的基础，学生有必要了解不同体裁、题材文章的谋篇布局，根据写作目的选择适当的扩展模式。如篇章的结构：层层递进型，一枝独秀型，花开两朵型，现象—解释型，问题—解决方案型；段落的结构：主题句—扩展句—结论句。但谋篇布局并非一成不变，而是根据题材和体裁的不同而不同。在不同的文章中，主题句、扩展句及结论句的作用也是不尽相同的。比如，在议论性文章中，主题句的作用主要是陈述作者认为正确的观点，扩展句是以说明的顺序扩展细节阐述原因，而结论句主要用于总结和重述论点。在说明性文章中，主题句的作用就是介绍主题，扩展句的作用就是以时间、重要性等顺序扩展细节说明主题，而结论句的作用则是概述细节、重述主题。

2. 完整统一

所谓完整统一，是指文章的所有细节如事实、例子、原因等都要围绕主题展

开，所有的信息都要与主题相关。所有偏离主题的句子都要删除，同时保持文章段落的完整性。

在教学的过程当中，对于这方面的训练也是非常重要的，在训练的过程中可采用专项练习方式，如设计含有不相关段落的文章，组织学生进行修改等，不断加强学生这方面的训练，增强学生这方面的意识。

3. 和谐连贯

段落中句子的顺序及思路的安排必须具有逻辑性，句子和句子之间要有机地联系在一起，内容需一环紧扣一环，流畅地扩展，使段落成为一个和谐连贯的整体。使用恰当的起连接作用的词或词组，可以把句子与句子有机地联系起来，使行文流畅，并引导读者随着作者的思路去思考问题。对于过渡语的使用可采用"短文填空"的形式进行专项训练。需要注意的是过渡词语不可不用，也不可滥用，文章结构要流畅、简洁，避免冗长、累赘的叙述。

## （二）选词

词是造句的基本原料，选词、用词、组词成句是英语写作最基本的环节。学习用英语写作，应该首先学会使用最有用同时也最常用的词来顺畅自如、准确到位地表达自己的思想。用词不当往往会影响我们书写英语语句的表意功能和表达效果。因此，学会恰当得体地选用词语是我们学习英语写作的第一步。用词组句往往没有统一的标准，但是，如果将正式用语与非正式用语、书面语与非书面语混用，往往会影响整体写作水平。

## （三）句式

英语中的句式多种多样，常见的有强调句、倒装句、省略句等，而且每种句式的变形又是多样的，因而有必要让学生对此多加练习。为了增强学生对句式的认知，让学生掌握正确的表达方式，在写作教学中，教师可采用"示范"和"讨论"的方式，让学生进行练习。

## （四）拼写和标点符号

拼写和标点符号主要涉及学生的基础知识，包括单词的拼写和标点符号的使用正确与否。这些虽是一些细节问题，但仍对写作有着重要的影响，因此也是英语写作教学的重要内容之一。因此，在设计写作教学方式和内容时应将拼写和标点符号这些因素考虑进去，以增强写作教学的策略性和有效性。

## 二、写作课堂教学的模式

### （一）重结果的教学模式

重结果的写作教学强调语法、句法、词汇和拼写等句子层面上的教学，它是一种比较传统的教学模式。该教学模式的操作流程主要是教师命题—学生写作—教师批改。在这种教学模式下，学生自己在一个孤立的环境中以阅读别人的文章然后进行模仿为主要学习形式，没有教师指导素材的收集和整理，写作的过程往往被忽视，文章常常是一稿定音。

### （二）重过程的教学模式

重过程的写作教学力求营造一种教学氛围，把学生和学生的需求置于师生交互学习的中心。营造这种教学氛围的目的：①使学生可以共享信息，相互帮助；②使学生在写作时敢于创新，并做出个性化选择；③使学生将写作视为一个过程，认识到这个过程的开始就是第一稿；④使学生与其他同学合作评估自己的写作水平，再进行修改和完善。该教学模式的操作步骤主要分五步，具体如下。

第一，写前准备。这一阶段的主要任务是，在教师的指导下学生开始审题，并通过小组讨论的方式搜集素材，然后进行构思并列出提纲。

第二，写初稿。该阶段学生采用个性化活动方式，独立完成初稿的写作。

第三，修改。这一阶段主要在课堂上进行，一般采用学生相互之间进行修改和教师抽样点评相结合的方式。

第四，写第二稿。这一阶段主要是学生根据修改阶段发现的问题完善自己的写作，写出第二稿，可以说是一个再加工的过程。

第五，教师批改讲评。在这一阶段，教师的主要任务就是让学生充分了解写作的过程，活跃课堂气氛，调动学生的写作积极性，开发学生的思维能力。

### （三）重内容的教学模式

重内容的写作教学比较注重写作素材的收集。在课堂教学中教师的主要任务是指导帮助学生从不同的渠道获取信息，教学的重点在于帮助学生准备写作，丰富其写作的内容。该模式的操作主要有以下三个步骤。

①收集信息。收集信息是重内容教学模式的重头戏。明确写作要求之后，学生带着问题去读书、听讲座、参加讨论，以获取写作素材，然后将获取的写作素材进行综合整理。

②写初稿。学生在教师的指导下根据写作要求将收集的素材转化为文章，这是成文的主要阶段。

③修改。修改与写初稿之间没有严格的界线。两个阶段的任务都由学生自己完成。在这一阶段，学生将初稿加工润色成定稿。

该教学模式不仅可使学生运用原有的知识，而且还能使学生借助新获取的信息开阔视野，丰富写作内容，但同时要求学生必须具备一定的阅读能力，对学生的现有语言能力要求较高，不适合中低级外语学习者。

## （四）小组合作的教学模式

基于小组合作的写作教学模式主要包括以下五个环节：小组讨论构思—学生独立写作—同伴互阅—学生独立修改—教师评阅，具体的操作过程如下。

1. 小组讨论构思

在讨论之前，教师要根据学生的性别、成绩、能力、个性等方面的差异，把学生进行分组，分组时要注意小组的异质性，即要把不同性别、性格和能力的学生组合在一起，这样使合作小组具有信息差和互补性。然后每组选出组长，由组长组织成员对图片、文章的结构、中心思想、时态等方面进行讨论，在讨论的基础上，列出写作提纲。在这一环节中，教师的作用主要是通过设计问题引导学生进行讨论。

2. 学生独立写作

这个过程建立在小组讨论的基础上，该阶段的突出特征是强调学生的独立性。对于学生在写作中遇到的问题，教师应鼓励学生借助字典等工具自己解决，对于经过自己努力仍然不能解决的问题，可以向组内其他成员或教师求助。

3. 同伴互阅

学生完成初稿之后，组内同学相互交换作文，相互批改。在这一阶段，教师的主要任务就是指导学生如何批改文章的主题、结构，传授给学生互改的策略与技巧，并且要让学生在批改时注意兼顾文章的连贯性和语法结构。这样的批改过程不仅使学生注重了文章的内容和思想性，也兼顾了文章的语言形式，同时也使学生在考虑内容和思想性的同时重视了语言形式的准确性。

4. 学生独立修改

同伴互阅之后，学生要对评阅的结果进行思考，然后再对自己的文章进行全面的修改。在独立修改时，学生可采纳同伴合理的修改意见和建议，也可对同伴的修改建议持保留态度。

5.教师评阅

在最后阶段，教师对所有的文章进行仔细的评阅，从中挑选出一、两篇有代表性的文章展示给大家，并让学生讨论这些文章哪些方面写得好，写得好的原因是什么，对自己写文章有何启发，应如何改进。

## 三、写作课堂教学的目标

### （一）高校英语写作教学的目标

《大学英语教学指南（2020版）》对高校英语写作教学的目标做出了明确的说明，主要分为以下几类要求。

1.基础目标

①能用英语描述个人经历、观感、情感和发生的事件等。

②能写常见的应用文。

③能就一般性话题或提纲以短文的形式展开简短的讨论、解释、说明等，语言结构基本完整，中心思想明确，用词较为恰当，语意连贯。

④能运用基本的写作技巧。

2.提高目标

①能用英语就一般性的主题表达个人观点。

②能撰写所学专业论文的英文摘要和英语小论文。

③能描述各种图表。

④能用英语对未来所从事工作或岗位职能、业务、产品等进行简要的书面介绍，语言表达内容完整，观点明确，条理清楚，语句通顺。

⑤能较好地运用常用的书面表达与交流技巧。

3.发展目标

①能以书面英语形式比较自如地表达个人的观点。

②能就广泛的社会、文化主题写出有一定思想深度的说明文和议论文，就专业话题撰写简短报告或论文，思想表达清楚，内容丰富，文章结构清晰，逻辑性较强。

③能对从不同来源获得的信息进行归纳，写出大纲、总结或摘要，并重现其中的论述和理由。

④能以适当的格式和文体撰写商务信函、简讯、备忘录等。

⑤能恰当地运用写作技巧。

## (二）英语写作课堂教学目标的定位

### 1. 读写能力

写作是一项基本的语言技能，是语言输出的一种重要形式。但事实上，读写常常是一起出现的。特别是在大数据时代，人们每天都在日常生活中接触到海量信息，无论是传统的纸质阅读，还是新型的电子阅读；无论是文字、图像、音频，还是视频。

读写能力已经跳出了印刷媒介时代，它的含义不仅只是理解语言文字的能力，更是对文字以外的声音、图像、色彩、空间等多模态信息的查找、甄别、选择、阅读、理解、加工、编辑的综合能力。

新型读写能力是传统读写能力的"i+1"，即新型读写能力包含但又超越传统读写能力，具有多重性和变化性。传统的写作课程教学目标是帮助学生掌握英语写作的基础知识和技巧，提高英语写作能力。而新型读写能力在此基础上，还包括熟练使用计算机进行文字输入和排版、利用搜索引擎查找所需信息、分析并整合信息资源、使用各种移动客户端和平台进行思想交流等能力。

### 2. 语言表达能力

（1）语言表达的好坏在于使用得是否得当

高校英语写作重点考查考生的英语表达能力。阅卷老师最重视的是语言，考生最需要提高的也是语言。有的学生认为使用一些高难词汇就能取得高分，其实不然。中英文写作都讲究"平淡如水""简洁就是美""绚烂之极，归于平淡"。

美国作家海明威经常使用小学词汇，但他是诺贝尔文学奖的得主，可见语言的好坏不在于辞藻的华丽与否，而在于使用得是否得当。中学词汇用好了，完全可以在各种英语写作考试中获得高分。当然对于基础较好的同学，恰当使用高难词汇有助于提高分数。但不要盲目追求难度，"与其写一个错误的复杂句，不如写一个正确的简单句"。

大学阶段英语考试中的写作话题、观点和字数都有严格的限制，它只是一个展示学生英语书面表达能力的平台。因此，学生应把构思的时间减到最少，把主要精力放在推敲语言上，力争将语法、拼写、标点等低级错误降到最低，力求用词用句准确恰当，表达地道。这样，即便没有使用高难词汇和句型，也可以保证稳得及格分数。切记作文不是口语，语言永远第一，它决定了考试得分的高低。

因此，学生应熟悉各种文体的写作套路和各类结构句型。学会用多种句型来表达一种意思，阅读范文时总结大的套路（如说明文、议论文、图表作文、书信等的写作模板），还有小的套路如各类句型（如表比较、作用、变化、优缺点、原因结果等的常用句型）。如果在写作中有意识地多变换句型，就会得到较高的分数。

（2）语言方面的评判标准

①基本正确。高校英语作文的最大问题不是写得太简单，而是错误太多。基础一般的学生即使使用小学或中学词汇和句型，只要使用得基本正确，也可以得到及格分数。考生最常犯的语言错误有三类：语法、拼写、标点。最常犯的语法错误包括：时态不对、冠词用错、主谓不一致、名词单复数弄错等。

②丰富多变。基础较好的学生要想取得高校英语写作高分，应做到丰富多变。丰富多变体现在词汇和句型两方面。同一个词语在一句话、一个段落乃至一篇文章中最好不要重复出现，应尽量使用同义词或近义词替换（无法替换的关键词除外）。例如，think 可以替换为 reckon, assume, argue 等词。如果想不到同义词或近义词，可以使用上义词进行替换。此外，句型也应富于变化，不要拘泥于主谓宾句型，可以使用主系表、过去分词和现在分词短语作状语、不定式短语作状语、状语从句等多种句型。高校英语作文如果量化成句数，只需写 10 句左右；六级只需 12 句左右。全文应以短句为主，长短句相结合。所谓短句是指 10 个词左右的句子，不能全篇都是只有五六个词的短句。同时，全文应有一定数量的长句，一般 15~20 个词即可。有的学生认为只写长句不写短句，就能取得高分，实际上教师看长句会觉得很累，以为学生不会写短句，通常不会给高分。如果一篇中文作文每句都有 30 多个字，定然晦涩难懂，英文也不例外。精炼的短句可以放在段首表示强调，复杂的长句可以在进行具体的论证、举例或描述时使用。

3. 写作评价与反馈能力

一方面，在传统的写作课程中，评价和反馈都是以教师为中心进行的单向行为。学生作为被动的接受方对教师费时费力批改出来的作文并不会认真研究，只关注分数，甚至把作文束之高阁的学生也为数不少。

另一方面，教师是传统意义上的知识传授者和权威，学生不认为自己具有评价作文的能力。新型的写作课程设计以学生为中心，借助自动写作评改系统的在线反馈，把学生互评、在线反馈与教师反馈结合起来。学生不仅仅只是写作者，更是读者、评价者和反馈者。教师引导的互评反馈在促进学生写作能力提升的同时，能培养学生对文本的鉴赏能力、分析和解决问题的能力、如何进行有效评价反馈的能力，从而促进学生批判思维能力的形成。

4. 自主学习能力

大数据时代，英语写作教学的内容不再局限于课堂，还延伸到了课堂外的网络空间和外部学习环境。海量网络资源和庞大的数据库、自动写作评改系统、在线学习网站、优质的数字化视频课程等为写作提供了新的方法和途径，打破区域界限的协作写作、随时随地学习的移动写作也为实现个性化自主学习提供了多种选择。利用网络技术和在线写作课程能够有效开展基于网络的读写活动，并在写作智能平台上实现师生、生生互动，使学生获得必要的写作指导和帮助。在新的教学环境下，教师可以指导学生通过自主学习获得数据和进行数据分析，寻求最符合学生自身条件的写作方法和手段。而这种以学习者为中心的教学和学习模式，也使得教师可以利用大数据分析和了解学生对网络课程的学习及在线反馈使用等情况，进而明确学生多样化的学习需求；并以此为依据设计更适合学生需要的教学活动，为个性化的自主学习提供指导和帮助，从而提升学生的写作能力，最终实现学生自主学习能力的最优化目标。

## 第二节 写作课堂教学中常见的问题

### 一、教师方面

随着我国高校大学生招生规模的日渐扩大，越来越多的学生进入大学校园接受高等教育。部分高校外语师资力量相对薄弱，因此每位教师不得不超负荷地承担教学任务，很少有时间对每位学生的作文进行详细批改；而大部分学生也难以从教师对作文的批改中看到自己的不足之处，更无法获得有益的启迪。这样就使得许多学生失去了对写作练习的兴趣，进而放弃写作练习。

此外，分配给写作教学的时间严重不足。少数学校开设非英语专业写作课，大多数情况下非英语专业的写作教学只是穿插在精读教学过程之中，而精读类课程都有自己的教学任务，因此作文教学不够系统和全面，基本上只是进行简单的解释和介绍。大多数时候，所谓的写作教学仅仅是教师照本宣科，学生课上课下练习不充分，不能把握好各种文体的写作模式，难以做到充分的巩固练习。

如果教师没有给予足够的重视，在考试中，写作的审题、中心思想的确立、文章结构的把握、词汇的准确运用、句式的得当表述和安排等对于相当一部分学生来说总是费时费力的。在平时教学中，教师需要花相当一部分的时间来纠正学生在中心思想确立、结构、词汇等方面所犯的错误。教师所教学生有数百名，工作量巨大，这很容易导致教师无法尽心为之。即使教师愿意花时间和精力来帮助学生，但是由于一些学生很难接受，也就很难在短时间内见到成效。此外，部分教师认为，学生的写作能力要得到提高，前提是要扩大学生的词汇量和提高其阅读能力。由于种种原因，有些教师会在测试前搞突击，不能真正深入写作，很多学生便会觉得不知所云。在教学实践中，作文批改只有教师单方面的工作，教师辛苦批改过后，学生看自己的作文时仅仅是看教师标注的部分。如果明白错误在哪里就纠正之；若不明白，则放任不管，结果学生最后还是不知道如何提高写作技能。

## 二、课程设置方面

在英语教学中，由于课时有限，完成每单元的课文讲解、听力理解、阅读理解等耗时较多，几乎没有多余的时间留给写作教学，从而使大部分人忽略了写作的重要性，也使得写作变成可有可无的教学内容。而且一般的学校都没有设置专门的写作课程，因此写作教学效果也得不到保障。

虽然目前的教材都有相应的"听、说、读"等配套练习，但是关于"写"的练习非常少。尽管在教学中每个单元都设有写作专项练习，但这些练习多是被动的，配套教材的短缺使得写作技能的训练是零碎的、不连贯的。在这种缺乏系统性的写作教材的指导下，写作整体教学质量也就难以保障。

## 三、学生方面

对于中国学生来说，英文写作比汉语写作难度更大。它不但要求学生掌握英文写作的基本技能，还要求学生具有用英语思维方式创造性地、合乎逻辑地表达思想的能力。然而，在用英语写作时，许多中国学生经常因为英语水平有限而无法准确表达自己的思想。母语写作能力、英语知识能力对英语写作能力产生很大影响。其中，直接影响因素是表达知识的能力，如汉语写作能力、英语口语表达能力，而不是理解知识的能力。据研究，英文水平较低的学生的写作能力受到英语水平的制约；而英文水平较高的学生的英文写作水平最终受到母语写作能力的制约。由于受四、六级考试的时间、字数的限制，高校学生英文写作能力的高低不在于背过了多少单词、掌握了多少语法规则，而在于英文写作速度和文章质量。

国外学者丹尼尔森根据外语学习的进程，把学生的写作能力分为三个阶段：

初级、中级和高级。和其他任何技能一样，写作也有自己的写作规范，如拼写、标点符号、句子结构、段落、篇章。这些都是写作的基本技能要素，也是英语写作的初级阶段必备的技能。所以，学生在初级阶段通常是模仿句子，然后连句成篇。而学生在高级阶段则能够面对广泛的题材自如发挥，且能注重文体运用。中级阶段的写作能力则处在初级与高级之间。但是，目前我国高校的学生虽然经过了高中阶段的学习，但不少人的实际写作水平仍处在初级和中级之间，要想在四、六级考试的紧张情境下就规定内容在 30 分钟内写出不少于 120 词的流畅文章实属不易。

## （一）写作语言

英语写作学习是在母语语言体系基础上的第二语言学习。首先，学生已经基本形成了母语的思维习惯与方式。其次，大部分学生的英语写作学习是与英语口语学习同时开始的，此时学生掌握的不是以英语口语为基础的基本语言体系，而是母语语言体系。在英语写作学习中，母语的思维方式、认知结构、语言表达与社会文化经常造成正、负迁移，影响着学习效果。其中，负迁移会使英语写作产生各种语言错误、文章组织结构以及文化差异等方面的问题。有两个非语言因素对于何时会产生母语干扰起着决定性作用：一是环境，二是学习阶段。

与注重语言形式的课堂教学环境相比，自然的语言习得环境更有助于学生把注意力集中在交际内容上，这时母语负迁移的影响较小。从学习阶段来看，初级英语水平的学生因英语基础知识所限，往往更多地依赖母语，可能出现较多母语知识的干扰；而中高级水平的学生因为掌握了一定的英语知识，往往更可能依靠语言规则的类推原则等认知手段，容易出现对英语规则的过度概括等错误。

所以，要想提高英语写作教学效果，教师就必须对两种语言中可比性较强的项目进行对比分析，帮助学生克服母语负迁移引起的学习困难，引导学生有意识地学习英语语言的社会功能与结构。

## （二）写作习惯

部分学生在使用单词或单句方面的能力比较强，对单句的语法结构处理得游刃有余，但是当他们完成一篇完整的作文时，经常出现措辞重复、句式单调、篇章结构衔接不合理等问题。这种问题反映出学生对于语言知识的掌握过于僵化，不能将已经掌握的语言基础知识融会贯通、举一反三。

此外，有一部分学生在写作时没有认真审题，写作前缺乏缜密思考，通常不假思索就付诸笔端，经常是想到哪里就写到哪里，写出的文章往往前言不搭后语，思维混乱，缺乏逻辑连贯性。还有的学生对待作文仅仅是应付差事，作文完成以后不对全文进行通读，也不进行自查，完全把改错视为教师的责任。实际上，诸如字母的大小写、标点符号以及拼写错误问题完全可以通过仔细通读自行改正。

### （三）写作过程与策略

母语写作是在自然语言环境中进行的，大多有实际的交际需要。学生在与同伴和长者的交流过程中感到很自然，并经常受到多种形式的鼓励。但是，英语写作主要是在教师指导下进行的，缺乏真实的交际需求与生动的自然语言环境。大部分学生的英语基础知识不足，同伴之间的交流又受英语水平所限，最后还会被指出各种错误，学生的心理压力较大。因此，教师应根据学生的英语写作水平决定语言素材的输入与输出比例，正确对待学生写作过程中出现的语言错误，分清哪些错误必须纠正、何时纠正以及怎样纠正，鼓励不同写作水平的学生互相帮助，引导学生有意识地采取适合自己的写作学习策略，以极大地提高汉语背景下学生的英语写作能力。

### （四）写作环境与动机

相比之下，母语写作有大量的、足够的条件支持。除学校之外，来自家庭、社会、媒体等的母语语言输入铺天盖地，每时每刻都在影响着学生的思维。学生为了与周围的人顺畅地交流，必须尽快掌握母语写作的各项技能，拥有强烈的写作动机与各种写作途径。而英语写作学习大部分都在学校进行，即使有电影、报刊等英语媒体的影响，也存在很多限制，不可能随时随地提供生动的语言环境。此外，学生的大部分英语写作训练是为了应付教师和考试，不是出于自己的实际交流需要。因此，激发英语写作动机、创造积极的写作环境是提高英语写作教学效果的重要前提。

## 四、教学方面

### （一）教学方法缺乏系统性

大部分学生在大学时已经具备了一定的外语语言知识能力，他们在字、词、句的学习上也已形成了一定的方法，但他们在中学几乎没有接受过正规的写作训练和指导，因此在高校阶段的英语教学中加强写作教学显得十分必要和重要。

在写作教学中，除了让学生进行大量练习外，教师还需要在教学实践中注意有目的地积累一些有助于提高学生英语写作水平的素材，将其应用到英语写作教学当中，并采取切实有效的方法对学生进行循序渐进的写作指导。但是在实践中，作文的指导训练只限于布置及批改作业这一简单的形式，而没有形成一套从写前阶段、修改阶段到讲评阶段的系统的指导方法。

### （二）教学模式单一

目前，高校英语写作教学形成了以教材内容为主、以课堂为形式的教学局面，这种传统教学方法具有一定的片面性和局限性，在一定程度上限制了学生自主学习能力的提升。而写作的自由性和开放性要求学生的写作行为处于自主的状态，"以教师为主体"还是"以学生为主体"两种教学思想是落后与先进、保守与改革、传统与现代的交替，传统的写作教学方式会使学生丧失写作兴趣和积极性，学生写作显得有些被动。

此外，高校英语写作教学模式的单一也体现在理论知识和课后写作方面。由于缺乏科学、有序和系统的培训体系，有些学生在进行写作时会敷衍了事，这样就很难达到预期的教学效果。同时写作教学完全局限于小教室，教师在对学生进行理论指导、思维启发、文章修改以及文章评价时具有一定的局限性，缺乏对学生的实践指导，学生难以从实际生活中寻找素材，导致学生在创作时显得"无话可说"。

### （三）教学评价方式单一

受我国传统教育思想的影响，分数一直是衡量学生学习效果的标准。在高校英语写作教学评价机制中，教师往往会根据学生的期中或期末写作成绩评价学生的写作能力。这种评价方式显得单一和生硬，难以全面、客观地评价学生的写作能力。这种评价方式的问题和不足主要表现在以下两个方面。

一方面，在这种教学评价体系下，学生更加注重理论知识学习，为了取得较高的考试成绩而忽视原本的写作教学目标。很多学生尽管考试成绩良好，但写作水平依然较低。

另一方面，这种教学评价机制侧重于理论知识考查，无法全面、准确地衡量学生的写作水平，对爱好写作的学生也可能造成思想上的冲击。

### （四）在教学实践中没有得到充分的重视

写作能力是学生必须掌握的四种语言能力之一，但是从高校英语课程设置的角度来看，写作教学主要是由精读教学分担的。由于每一单元的教学课时较少，而课上所需要讲授的内容却非常多，教师把主要精力都放到了精读课文内容及语言知识的分析讲解上。若精读课能按教学计划顺利完成，教师就能利用有限的时间"蜻蜓点水"般地对写作进行简单的讲解。否则，写作教学就被无情地忽视和删减掉，甚至完全成为精读教学的附庸。这种教学现状导致学生对写作的认识无论从字词运用，还是篇章组织方面都停留在一个不完整的、时断时续的层面上。

## 第三节  写作课堂教学的原则与改革策略

### 一、写作课堂教学的原则

#### （一）层进原则

"冰冻三尺，非一日之寒"，英语写作能力并非是一蹴而就的。它必须由浅入深、由简到繁、由易到难，循序渐进，一环紧扣一环地进行训练。中国教育语言学研究会理事卜玉坤曾经就英语写作教学提出了"大学英语写作分阶段教学的具体方案"，它大致分为十个阶段：①写简单句；②写复合句；③段落的组成及要点；④段落的发展方法；⑤文章的文体类别；⑥文章的结构；⑦写作步骤；⑧写作的书面技术细节与修辞手法；⑨范文分析和题型仿写；⑩独立撰写实践。当然不同教师的具体教学实施阶段的划分可以不尽相同，但是由词到句再到篇，这种由低到高、由易到难的教授方法却是写作教学的一般规律。

#### （二）多样化原则

多样化原则指的是坚持训练形式的多样性。通常，在写作教学中应让学生进行缩写、仿写、扩写、改写、情景作文等练习，让学生逐步掌握写作的技巧。

关于缩写，可按照"关键词—思考—讨论—复述—动笔"这样的思路进行，将课文中的关键词连接起来，然后写出本课的主题或中心思想。

对于仿写，可让学生先观察再临摹，然后自主写作，进而熟练掌握。

扩写则有助于培养学生的想象力，但要求学生要合理想象，做到符合实际要求。

教材中的很多对话都可以成为改写的素材，这不仅有利于学生研读课文，也有助于学生把握文章的中心思想。

情景作文要求学生将平时所学的知识点滴积累，提炼并转化为带有感情色彩的优美的语言文字，这有助于培养学生的英语语言综合运用能力。

上述各种练习形式各具优点，只有保持练习形式的多样性，才能真正提高学生的写作水平。在英语中，同一意义有着多种不同的表达方式，其表达手段极其丰富。而丰富的表达手段不仅可以有效弥补学生在语言知识上的不足，还可以提高学生灵活运用语言的能力。因此，在写作教学的过程中，教师要鼓励学生采用不同的表达方式，使写出的文章更加出色。

### （三）以学生为中心原则

以学生为中心就是在写作教学开展的过程中，要以学生为主体，充分尊重学生的主体性。使学生成为学习的主体，就要激发学生写作的兴趣，调动学生的积极性。小组讨论就是一种很好的方式。另外，教师是否组织、如何组织学生进行小组讨论以及如何对学生的作文做出反馈是过程教学法能否成功运用的关键。教师在小组讨论时可采用多种方式，如可以采用卷入式，可以采用提问式，还可以让学生集体回答，甚至可以采用互助式，让学生相互问答并共同完成一个问题。总之就是要发挥学生的自主性，使学生积极参与其中。

### （四）系统原则

目前我国英语写作教学中存在的最大的问题之一就是整个教学过程缺乏系统性，主要表现在以下几个方面：①无科学的教学计划。针对大纲规定的教学目标，教师没有制订科学的教学计划，使得教学目标的实现没有可靠的保证。②无系统的教材。目前还没有一套专门而又系统的写作教材，写作训练大都安排在每课的最后，教师鉴于时间的关系，往往以布置作业的形式出现，这根本就不能达到提高写作水平的目标。③无具体的时间保障。由于课时有限，写作不单独设课，而只是附带在阅读课或是口语课中，于是写作教学就变成了一个随意的过程。常常是教师发现剩下点时间，于是任意指定一个题目，让学生写篇作文。④无系统的练习。要想写好文章，必须掌握大量的材料，进行大量的系统的练习，并且掌握写作的基本方法和技巧，这样写起来才能得心应手。这些问题都亟待解决，否则势必会影响高校英语写作教学的效果，学生的写作能力也很难得到提高。

### （五）任务原则

传统写作教学的缺陷是语言脱离语境，脱离功能，导致学生能建构准确的语言形式，但不能以这些形式得体而完整地表达意义。而任务化教学是让学生完成一系列的任务达到教学目标，让学生在执行任务的过程中充分感受语言形式和功能的关系以及语言与语境的关系。如果把写作与学生的实际任务需求联系起来，比如让学生写求职信、个人简历等，这些与其未来生活、工作都有关的内容，可以让学生体会到英语写作的实用性，激发学生参与的热情，开发学生的潜能，进而发挥学生的创造力。

### （六）综合原则

在英语教学中有"听说领先，读写跟上"的传统，可见，一堂生动有效的写作课应该做到听、说、读、写的综合运用。在写作课堂上，教师要选择优秀作文进行评价，学生在听的过程中既练习了自己的听力，又找到了自己写作中存在的不足。在写作课堂上，无论是写前的准备，还是写后的修改都离不开听、说、读。可以说，听、说、读不仅是写作教学的跳板，还贯穿于整个写作活动的始终。

## 二、写作课堂教学的改革策略

要提高学生的写作能力，教师既要引导学生对词汇、语法等语言知识进行积累，打好基础，还要增强学生运用写作策略的意识。英语写作教学应以培养学生的英语写作能力为本，将教学重点置于英语写作能力提高的动态过程之中，而写作教学的成功与否很大程度上取决于写作策略的运用是否成功。高校英语写作课堂教学的改革策略主要包括以下几个方面。

### （一）注重写作过程教学

1. 选题构思

为写作搜集足够的材料，动笔前做好准备是非常重要的。有的学生在写作时不在酝酿、构思上下功夫，而是提起笔就写，想一句，写一句，现想现写，勉强成文。这样写成的文章在篇章结构和逻辑关系上都存在不少问题。写文章首先要有内容，其次要有一定的构思和技巧，巧妙地展开和总结主题。不管写什么体裁的文章，所写的内容都要符合主题，并且具有逻辑上的连贯性。所以，在写作之前，学生要写出提纲，将写作思路整理清楚，使所写的文章具有整体性和连贯性。文章写作的各个过程都离不开构思，构思是写作的基础。选题构思常用的手段有自由写作式、思绪成串式、五官启发式等。

①自由写作式。这种选题构思方式是指，在拿到题目之后，大脑就开始围绕主题展开思考，并将头脑中形成的与主题相关的信息记录下来。将自己的想法记录完毕之后，再回头阅读所写的内容，从中挑选出对写作有用的信息，并将其余的放弃，这样写作的思路自然打开了，写作的框架也就很容易形成了。

②思绪成串式。这种选题构题方式是指，将主题写在纸中间的一个圆圈里，想到与主题相关的关键词就写下来，画个圈。然后将这些观点进行总结归纳，最后确定写作思路。它是扩展写作思路的另一种有效的方法。随着思路图的展开，

思路也就逐渐打开了。再对展开的一连串思路进行总结归纳,写作思路也就很容易确定了。

③五官启发式。这种选题构思方式主要是通过看到的、听到的、闻到的、尝到的、触摸到的几方面去思考,搜寻与题目有关的材料,但所有这些方面也没有必要面面俱到。这种方式常用于描写类文章当中。

2. 开篇

通常来讲,一篇文章包括三个部分:开头、中间和结尾,但开头最引人入胜。在英语考试中,如果文章有一个出彩的开头,那么获得高分的概率就大。因为在教师有限的阅卷时间内,文章的开头部分首先映入他们的眼帘,文章开头写得好,往往就容易得高分。常见的文章开头方法有以下几种。

①开门见山,又叫事实陈述法或现象陈述法,是在文章的一开始就提出观点,突出文章主题,明确陈述见解。

②下定义,即在开篇给出必要的解释说明,以帮助读者理解。

③描写导入,开篇先描写背景,然后引入正题。

④以故事引入,即以故事作为文章的开头以引出下文。这种方式可有效激发读者的阅读兴趣。

⑤问答式。文章的开篇采用问答的方式能有效地吸引读者的注意力,激发读者阅读的兴趣。学生在平时的训练中可以用英语的五个 W 和一个 H 开头的问句对自己进行提问,尽量多问一些问题,尤其是多问一些人们想知道的问题,然后根据这些问题确定写作思路。

3. 段落的展开

(1) 说明文段落的展开

①按定义展开。此即对某一个含义复杂、意思抽象的词语或概念先概括其定义,在下定义的同时,还可以运用举例子、打比方的方法,让读者对其定义有一个明确完整的了解。

②按类别展开。这一般指的是将要说明的事物按其特点进行分类,并逐一说明。

③按原因、结果展开。这种方法主要包含三种形式:按原因展开;按结果展开;既分析原因,又分析结果。

④按类比或对比结果展开。类比是比较同一范畴的事物之间或几个人之间的相似之处,对比是比较事物或人的不同之处。

⑤按实例细节展开。这种方式是指，在文章的开头提出论点，随后举出实例加以说明。这种展开方法常用于说明文，将主题句的抽象意思具体化，给读者一个清晰、有趣、深刻和令人信服的印象。

（2）记叙文段落的展开

①按时间展开。该方法通常用于记叙一件事情，按照事件发生的时间顺序来写。

②按空间展开。该方法常用于描述一个地方或一处景物。文章是按照一定的空间方位顺序来写的，如从上到下、从左到右、从里到外等。

③按过程展开。该方法指的是按照事情发展的经过、顺序进行逐项说明。

4.各部分的衔接

一篇文章不仅要在内容上具有完整性，还要在结构上具有连贯性，因为结构是否紧凑连贯是决定文章好坏的一个重要因素。结构上的紧凑是指：文章的各个部分有机结合、紧密连接，并时刻围绕主题展开；句子段落结构条理清晰，层次分明，不前后脱节，不语无伦次。在英语写作中，结构的紧凑程度是决定文章好坏的一个重要因素，所以一篇文章不仅要有完整的内容，还要有连贯的结构。如果文章结构的连贯性不佳，那么就会给读者了解文章带来障碍。

只有结构连贯了，读者才能跟上文章的思路，了解文章的大意。要使文章连贯，一般可采用以下衔接手段：①使用平行结构。平行结构句子的使用可以使段落的大意得到充分的展示。②名词的数量、代词的人称和数量、动词的时态保持一致。这样可以使文章连贯、清晰、流畅。③使用过渡词语。过渡词语的使用可以起到承上启下的作用，将句子很好地连接起来，使文章段落环环相扣。④使用代词。使用代词来代替上下文提到的人或事，从而使句子互相照应，互相衔接。⑤重复关键词语。重复关键词语可以使句子之间衔接紧密，从而使段落不断向前展开。

5.文章的结尾

①总结式结尾。这种方式指的是在文章结尾处对全文进行概括总结，以揭示主题，加深读者的印象。

②重申式结尾。这种方式指的是在文章结尾处通过重复引言部分提出的观点，以达到深化主题、强调中心思想的目的。

③建议式结尾。这种方式指的是针对文中讨论的现象或问题提出建议，提供解决问题的方法。

④展望式结尾。这种方式指的是在文章结尾处表达对将来的期待,给人以鼓舞。这种结尾方式有助于增强文章的感染力。

⑤警示式结尾。这种结尾方式主要是依据文中的论点,在文章结尾处揭示问题的严重性,以引起读者的重视,引发读者的思考。

6. 文章的修改

初稿完成了并不代表文章写作的完成,它只是文章写作的一部分。初稿完成之后,还应仔细地阅读和修稿,如将多余的、与主题不相关的信息删除,将不完整的补充完整等,并纠正错误的拼写、语法、标点符号等。修改文章可从以下几个方面入手。

(1) 主题

首先要看文章所表达的主题是否完整统一。然后审查标题与内容是否相符,主题句是否清楚,语气是否一致,时态是否恰当,逻辑是否正确等。如果在这些方面发现问题应及时修改。

(2) 段落

可从段落的展开是否流畅、段落材料是否充实、段落之间的连接是否连贯、是否运用了恰当的过渡词等方面入手进行检查并修改。

(3) 语法

语法错误是学生在写作过程中比较容易出现的问题,因此要注重检查语法错误。在检查语法错误时,首先要通读全文,然后检查句子意思表达得是否清楚,有无病句,有无拼写错误,标点符号的运用是否正确等。写作课堂中的语法诠释不是简单的语法灌输,语法规则的讲解要重归纳,轻演绎,应建立在学生感性认识的基础上。学生对于规则的感性认识源于完成"学习任务"之中,而学生对规则的认识及熟练程度在很大程度上取决于教师"任务"设置的合理程度。因此,教师要充分考虑到任务型教学的信息差原则。在任务型语法教学中,教师不应将注意力集中在对语法规则或用法的讲解上,而应将注意力放在引导学生对新语法规则的交际体验上。教师设计的任务要有明确的目的并具有可操作性,要将抽象的语法规则引入贴近学生生活、易于引起学生兴趣的活动任务中,让学生在活动和交际中领会语言形式的表意功能,使所学语法规则在真实的交际中得到运用。比如,在动词规则的学习中就可以设计这样的任务:第一,在范文语篇中找出动词;第二,观察不同语境中动词之间的差异;第三,小组讨论并寻找规律。让学生在完成任务的过程中发现一定的规律,最后由教师归纳总结。在教学中帮助学生巩固语法知识,能使学生明确不同词汇的用法。通过大量句型的操练,能使学生对语法规则有全面、深入的了解,从而能够在写作中正确地运用语言。

## (二)创新写作辅助教学手段

### 1.运用多媒体和网络辅助教学

单一的教学手段显然适应不了高校学生的需要。作为一种先进的教学手段,多媒体和网络辅助教学已经显示出其独特的优势,其对英语教学也产生了巨大的影响。教师可以根据学生的特点和要求设计各种教学活动,通过多媒体,使任务教学法在课堂结构、完成任务后的报告、教学环节的时间分配、任务的类型、母语的使用、学生分组等方面都发挥充分的作用。多媒体和网络辅助教学突破了时空限制,提供了个性化的写作空间,提供了更多的网络资源,便于学生与教师进行讨论,也方便教师批改。在在线课堂上,师生之间可以交流、协作,在讨论区研讨问题;教师可以回复学生的提问,或利用电子邮件对学生进行个别指导。在成文过程中,计算机可以检查修改学生文章中的拼写、语法错误,有利于学生自主学习,也减轻了教师的负担;在修改文章时,利用计算机的复制、剪切、粘贴功能也能随时增减内容,省去了重新抄写的麻烦,大大提高了学习效率;学生在阅读其他同学的文章后,也能逐渐学会用批判的眼光来审视自己的文章,取长补短,互相促进。

实践证明,利用多媒体和网络辅助教学能够大大地提高写作教学的效率。而从理论上来讲,多读多写正是提高英语写作水平的唯一途径。所以,教师一方面要在阅读训练手段上予以调整,以满足学生的需要,提高学生的综合素质;另一方面,在写作训练的过程中,教师还应加大训练量和指导力度。大量的英语输入有助于解决学生普遍存在的先在脑海里用汉语构思,然后将构思好的汉语腹稿译成英语的习惯问题,从真正意义上实现以讲为主到以练为主的根本转变,以期彻底革除写作教学重理论、轻实践,重知识、轻技能,严重忽视能力培养的弊病。

总之,英语写作教学理论和实践的研究是个大课题,如何提高学生的英语水平尤其是写作水平,值得进行深入的研究。当前的写作教学模式和理论基础,还有待进一步探索与优化。笔者相信,只要英语教师注重强化教学内容,重视教学过程,运用好任务型教学等先进的教学理论,使教学科学化、合理化,就一定能在实践摸索中总结出各种各样日趋完善的适合学生的写作教学方法。

2. 理论与实践教学相结合

高校是我国专业型人才培养的主要阵地，高校英语写作教学对培养写作人才具有推动作用。在素质教育理念下，高校教育管理者要意识到教育创新的重要性，能够从学生的角度提出切实可行的教学计划和教学方案。我国传统教育形成了"理论为主、实践为辅"的教学形式，在这种教学模式下，学生的理论知识水平要高于实践能力。而写作的灵感和素材来源于生活，优秀的文章往往能够反映和表达作者的思想，渗透着作者心灵深处的情感。读者在阅读好的作品的过程中，会得到思想境界和精神境界的提升。高校学生作为我国未来建设的生力军，在我国社会主义特色文化建设中发挥着重要的作用，为此，高校教师要加强学生的写作实践能力培养，让学生能够写出具有时代精神和时代特色的文章，深入贯彻和落实先进的社会主义文化思想。在实际教学过程中，高校教师需要从学生的现实生活中寻找写作话题，积极组织学生参与各种社会实践活动，引导学生讨论社会热点问题，丰富学生的写作素材，打破学生千篇一律的写作方式，促进学生写作方式的创新。

### （三）创新写作课堂教学形式

传统单一的教学形式会降低学生的写作兴趣，削弱了学生写作的积极性。兴趣是学生学习的重要动力，高校教师需要关注学生写作兴趣的培养。生动、有趣的课堂教学形式能够在很大程度上培养学生的写作创新意识，从而提高学生的写作能力。

首先，高校教师要树立以学生为本的教学思想，结合学生的写作现状和不同个体的写作水平，因材施教，帮助写作成绩优秀的学生提升写作内涵，夯实写作成绩一般的学生的写作基础能力。

其次，高校教师要加强与学生的课堂互动，采用小组合作教学法，让学生围绕写作话题进行讨论，教师在这一过程中需要扮演好引导者的角色，把握学生写作话题的大方向，避免学生陷入写作思维误区和偏离写作主题。学生在小组内通过交流和探讨，既可以发现自己写作思路中的不足，又可以学习和借鉴他人的创新思路，形成自己的写作风格。

此外，高校教师要经常开展形式丰富的班级阅读等活动，帮助学生积累丰富的写作素材。

### （四）构建写作课堂教学评价机制

目前，高校学生的写作教学评价机制尚存在单一、生硬等问题，难以做到全面、客观地反映学生的实际写作能力。仅依靠一次写作成绩评定学生的写作水平，难免失之偏颇，最终会影响高校英语写作课堂教学效果，导致学生的写作理论知识水平高于实际写作能力，这就与高校人才培养的实际需求相背离。在素质教育理念的倡导下，高校英语写作课堂教学评价不应当局限于学生的考试成绩，而应该综合考虑学生的整体素质，从学生的课堂表现、出勤率、平时成绩等角度，设置更加科学和全面的写作评价体系，帮助学生找到自身写作的不足，并为教师制订下一步的教学计划提供依据。

创新高校写作课堂教学评价体系，需要从以下几方面着手。

第一，结合学生对写作课堂的态度，将学生的写作态度作为衡量学生写作水平的重要标准。良好的写作态度是学生进行写作的前提和基础，能够促进学生自主学习，使学生主动参与各种写作活动，在实践中提升学生的写作能力。

第二，注重学生平时的成绩和表现。学生平时的成绩要在教学评价中占据重要的比例。写作课堂中要求学生每学期都要上交一定数量的文章，教师可以结合学生上交的文章的质量和水平对学生进行综合评价。此外，学生参与各种写作比赛的奖项也可以作为评价的参考依据。

### （五）优化写作课堂教学模式

高校英语写作课堂是培养优秀作者的重要场所。课堂教学是提升学生写作知识和写作能力的重要方式。创新课堂教学形式是激发和培养学生写作兴趣的有效途径。英语写作是大学生必须具备的基本能力，要想提高大学生写作的能力，需要从课堂教学改革做起，创新课堂教学形式，将现代教育理念渗透到写作教学中，并调动学生的写作兴趣，使学生能够进行自主写作。一方面，教师需要充分利用现代信息技术。网络具有开放性和共享性等特征，在现代教育中发挥着不可替代的作用。教师可以从网络上寻找各种丰富的写作教学素材，通过播放生动的图片及视频，激发学生的写作潜能，打破学生固有的写作思维。另一方面，教师可以利用真实情境创设教学活动，通过开展主题情境创设和问题情境创设两种方式，加强和学生之间的交流，帮助学生奠定良好的写作基础，让学生找到属于自己的写作乐趣。

# 第八章　高校英语课堂教学管理艺术

英语课堂教学管理实质上就是协调师生教学关系，促使课堂情境中的消极因素向积极因素转变，从而保证教与学顺利进行的过程。高校英语课堂教学管理具有一定的艺术性，高效合理的高校英语课堂管理能够提高教学效率。本章分为高校英语课堂教学管理的本质，高校英语课堂教学管理的意义，英语课堂教学的提问艺术，英语课堂教学的启发艺术四个部分，主要内容包括高校英语课堂教学管理的实质、内容、特点、原则，高校英语课堂教学保证课堂活动顺利进行，提高英语课堂教学效果等意义，英语课堂教学提问的类型、技巧等，启发教学及其功能，英语课堂教学的启发艺术等。

## 第一节　高校英语课堂教学管理的本质

### 一、高校英语课堂教学管理的实质

英语课堂管理是系统论、信息论、控制论、心理学、管理学、教育学等原理在英语教学中的具体运用。既是应用科学，又是应用艺术。众所周知，英语课堂教学是一个复杂的系统，它既有宏观的环节，又有微观的认识过程；它包括信息的多渠道输出、吸收和反馈，也包括信息的选择、评价和强化。英语教学的整个过程需要教与学的密切配合和高度统一，只有这样才能取得应有的教学效果。可见，英语课堂教学的管理实质上就是协调师生教学关系、促使课堂情境中的消极因素向积极因素转变，从而保证教与学有机统一的行为方式和过程。现代教育论告诉我们，学生学习的本质特点是个体性，这种个体性带有很大的差异。如根据英语学习的态度，我们可以大致把一个班的学生分为三类：一类是渴望学习，会主动求知的积极力量；另一类是对英语反感并处于被动状态，有时甚至违纪阻碍教学的消极力量；还有一类是介乎其间的大多数学生，期待教学活动继续开展的中性力量。懂管理的英语教师应该总是紧紧依靠班集体中的积极因素，采取种种创造性手段，化消极因素为积极因素，从而保证英语课堂教学的高效率。

## 二、高校英语课堂教学管理的内容

### （一）协调师生关系

情感是人的需要是否得到满足的一种内心体验。积极、健康的情感有助于激发学生的学习兴趣、引发学生的学习动机、使学生主动学习；反之，消极的情感则不利于学生的学习。因此，在课堂教学中，教师应该时时倾注爱，处处关爱学生，与学生建立起平等、和谐的师生关系。教师不仅仅是师长的角色，还要与学生做朋友，让学生能在一个轻松、和谐的氛围中学习。

良好的师生关系是以师生互尊、互敬、互爱、平等、民主、合作为基础的，力求达到师生之间心灵交往的和谐境界。在这样的教学环境中，每个学生都能得到充分的关注、信任，可以充分发挥个人潜能。学生在这样的氛围中学习可以消除胆怯和依赖心理，积极发挥个人能动性，主动地参与学习过程，积极发现、探索新知识，创新精神也会得到培养。课堂教学的过程是师生思想共鸣、情感交流的过程。良好的师生关系和理性的教师权威既有助于教师更加高效地传授知识，又满足了学生对教师与课堂的心理期望，从而提高学生学习的效率。在这样的教学环境中，教师与学生彼此相容，对教与学有极大的促进作用。学生尊重教师、热爱教师，积极主动地接受教师的指导，乐于接受各项教学举措，师生的共同作用促使教学活动顺利进行。

### （二）维持课堂纪律

课堂的物理环境为课堂管理的运行提供了一个外在物质基础，同时，课堂管理活动也需要制度规范作为其运行的前提。在课堂管理的过程中，教师要把教学目标中提出的对学生的期待转变为课堂活动的程序和常规，并将一部分程序和常规制订为课堂规则，以便指导学生的行为，促使学生积极主动地学习。课堂规则是描述和表达行为规范的静态形式，而对于这些课堂规则所进行的动态的执行和实施，则是课堂纪律。课堂规则和课堂纪律是课堂情境中课堂活动的制度规范，是教师进行课堂管理、评价和指导学生课堂行为的主要依据。

1. 课堂规则的制订

课堂规则是形成良好课堂纪律的前提条件，我们必须认真细致地制订课堂规则。制订课堂规则应遵循一定的原则和满足基本的要求。

（1）课堂规则应符合四个条件，即简短、明确、合理、可行

首先，规则和常规一定要简明扼要，使学生能迅速记住。其次，规则要明确、合理。如"注重自己的行为"，这种规则对于学生而言是不明确的，难以起到约束与指导作用。最后，规则应具有可操作性。

（2）课堂规则应通过教师与学生的充分讨论，共同制订

课堂规则不可由教师凭个人好恶独断设立，而应经过学生的讨论与认同。学生通过参与讨论，与教师共同制订课堂规则，就会自觉遵守并乐于承担责任。

（3）课堂规则应少而精，内容表述以正向引导为主

教师要对所制订的课堂规则进行归纳删改，避免那些不相关或不必要的规则，制订出尽量简明的、最基本的、最适宜的规则，一般以 5～10 条为宜。如果不够全面，也应等学生熟记一些规则后再逐步增加内容。规则内容的表述坚持以正面引导为主，宜多用积极的语言，如"希望……""建议……"等，少用或不用"不……"等语句。

（4）课堂规则应及时制订和不断调整

教师应抓住学期开始的机会，制订课堂规则。在开学之初就与学生共同讨论，了解学生的状况和学习方式，征求学生对课堂规则的意见，与学生共同分享教师的需要与要求。在实施过程中要不断进行检查，并根据各方面的具体情况加以补充、修改和调整。

## 2. 课堂纪律的管理措施

课堂规则只是静态的条文，只有这些规则得以实施才能收到预期的效果。将课堂规则转变为课堂纪律，具体要注意以下几个方面。

（1）合理组织课堂教学结构，维持学生学习的注意力和兴趣

争取更多学生把更多的时间用于学习，既是课堂纪律管理的重要目标之一，也是课堂纪律管理的有效策略之一，这就要求教师要合理组织课堂教学结构，优化时间意识，注意课堂时间管理的策略，维持学生学习的注意力和兴趣，从而提高课堂教学效率。具体策略有增加参与、保持动量、保持教学的流畅性、管理过渡等。

增加参与要求教师的教学内容要符合学生的需要，要生动、有趣、有参与性，即与学生兴趣有关，学生愿意积极参与；要求教师的教学方法要能激起学生的兴趣，如可采用悬念、精心提问和讨论的方法，不断变换刺激角度，集中学生的注意力。

保持动量是指课堂教学要有紧凑的教学结构，避免打断或放慢，使学生总有学业任务。这就要求教师课前要做好充分准备，如确定教学目标、精心设计教案、选择教学策略、准备好教具等；课堂上要合理安排教学进度和节奏，选择适宜的课堂密度、课堂强度、课堂难度、课堂速度和课堂激情度；此外，教师在授课时要讲究语言艺术，精练而不拖泥带水。

保持教学的流畅性是指不断注意教学意义的连贯性，即课堂上从一个活动转向另一个活动时所花的时间极少，并且能给学生一个注意信号。教师要保持教学的流畅性，就必须在课堂教学中给学生以有效足够的信息量，形成序列刺激，激活学生的接受能力，以维持学生学习的注意力和兴趣。

管理过渡是指从一个活动向另一个活动的变化，如从讲授到讨论、从一门课程到另一门课程等。过渡时应遵循三个原则：①过渡时应给学生一个明确的信号；②在进行过渡之前，学生要明确收到信号后该做什么；③过渡时所有的人同时进行，不要一次一个学生进行。上课时维持团体的注意焦点是指运用课堂组织策略和提问技术，确保班上所有的学生在课堂教学的每一部分都能投入学习。

（2）区别对待课堂环境中的三种行为

加拿大教育心理学家江绍伦将学生在课堂内的行为划分为积极行为、中性行为和消极行为三种形式。

积极行为是指那些与实现教学目标相联系的行为。有效的课堂纪律管理应鼓励学生的积极行为，其强化方式有社会强化、活动强化、行为协议和替代强化四种。社会强化是指运用面部表情、身体接触、语言文字等增强学生的行为；活动强化是指学生表现出具体的课堂积极行为时，允许学生参与其最喜爱的活动，或提供较好的机会与条件；行为协议是指教师和学生共同制订旨在鼓励和强化积极行为的协议，如"如果期中考试平均成绩达到80分，就可以奖励一支钢笔"等；替代强化是指教师所做的具体行为示范充当了替代强化物，学生会进行模仿和学习。

消极行为是指那些明显干扰课堂教学秩序的行为。教师要针对消极行为的轻重程度选择有效的制止方法，及时制止消极行为。通常采用的制止方法主要有信号暗示、幽默化解、创设情境、转移注意、消除媒介、正确批评、劝其暂离课堂、适当处罚等。

中性行为是指那些既不增进又不干扰课堂教学的学习行为，如静坐在座位上思想开小差，看言情或武侠小说，在座位上不出声地睡觉等。中性行为是积极和消极这两个极端之间不可缺少的过渡环节，教师应利用中性行为的中介作用，使其向积极行为转变。

（3）正确有效地处理课堂纪律问题

第一，运用非言语线索，非言语线索主要包括目光接触、手势、身体靠近或触摸等。如对表现不良的学生保持目光接触就可能制止其不良行为，还可以走过去停留一下，或者把手轻轻地放在学生的肩膀上。这些非言语线索传递了同一个信息："我看见你正在做什么，我不喜欢你这样，快回到学习上来。"

第二，合理运用表扬和惩罚。教师要想减少学生的不良行为，可以从表扬他们所做出的与不良行为相反的行为入手。譬如某个学生上课爱做小动作，教师就可以在这个学生认真学习的时刻表扬他。教师还可以采取表扬其他学生的方式来减少某个学生的不当行为，一般选择他邻座的同学或他最要好的同学加以表扬，这样可使行为不当的学生意识到，教师已经知道了他的行为表现，他应控制不当行为。在课堂纪律管理中运用表扬应注意，表扬的应该是具体的课堂行为，表扬应让学生产生积极的纪律体验，表扬应及时，对学生的积极课堂行为应及时给予正强化。

## （三）优化课堂环境

课堂教学环境是学校教学环境的一个重要组成部分。课堂教学环境是多变的，时常有偶发事件，因此教师就必须注意把握这些教学情境的变化，根据具体情况及时调节和控制各种课堂环境因素，创设一个有序、稳定的课堂环境。

英语教学不仅仅是教师单向的知识传授，同时还是师生密切交流的互动过程。在宽松、和谐的课堂环境下，学生敢于说、乐于说是促使英语课堂教学活动顺利进行的关键。因此，教师应努力在课堂上营造出积极的课堂学习气氛，激发学生的学习兴趣，诱发其学习动机，使其能主动地参与教学活动，享受学习的乐趣，从而克服各种学习困难和挫折，变被动学习为主动学习。此外，在课堂提问或讨论中出现冷场时，教师要善于灵活应对、积极处理。教师要主动调节课堂温度，唤起学生求知的热情和欲望，创造师生交流的热烈气氛。

首先，要充分调动学生的主动性。如果学生对教师讲的内容感兴趣，有好奇心，就会形成主动的学习习惯。调查表明，那些学习主动性大的孩子在学校学习过程中所取得的成绩要优于学习主动性低的孩子。所以，教师在课堂上要充分调动学生学习的主动性，提高其学习效率。另外，英语课上的语言练习也不仅仅是简单的你问我答，教师要把英语对话练习设计为一个生活化的情景重现，让学生模拟生活中的情景用英语进行交流，这样他们学到的语言更贴近生活，也更具有实用性。教师在课堂上也可以多讲一些英语国家的历史文化或者饮食习惯等。美国语言学家克拉申说过："知识面越广，理解力就越强。"让学生对英语国家的风土人情有所了解，也可以帮助学生理解目的语，学习起来就更加有趣和容易，这样就能很好地调动学生的主动性，促进学生英语语言运用水平的提高。

其次，课堂活动的安排要合理。语言是在使用中学会的，教师在上课前要设计一系列以英语交流为主的课堂活动，满足以沟通为目的的英语教学的需求。在组织课堂活动时，教师要给出一个清晰的规则。清晰的规则可以让学生明确自己要怎么做，如果大家都不清楚活动规则，就会引发与教学内容无关的讨论，分散学生的注意力，就会出现纪律问题。活动的形式要丰富，为了避免学生觉得无聊，教师要经常变化课堂活动形式，让学生始终保持热情。还有就是要保证全员参与，教师要关注到每一个学生，确保大家都参与到课堂活动中，对于胆小或者害羞的学生要给予鼓励，帮助他们树立自信。

最后，课堂气氛要轻松。不要把课堂气氛搞得过于压抑，很多教师喜欢把一节课安排得很满，总想把更多的知识教给学生，这就导致了教师一个人在上面讲，底下一大堆人忙着记笔记的状况。这种记笔记的学习方式的效果并不是很好，因为它没有给学生留出思考的时间，学习效果自然不好。教师应营造轻松的课堂氛围，让学生感受到用英语交流的快乐，这样学生对语言掌握得就更快。

## 三、高校英语课堂教学管理的特点

学生学习的个体化还告诉我们，学生是学习的主体，教师是学生学习的主导。教学过程实际上就是充分发挥学生主体作用和教师主导作用的过程。英语课堂管理也是由师生共同参与的。其间，教师仍起主导作用。作为课堂教学的发动者和组织者，为了保证教学各个环节的顺利实施，并取得预期成效，教师应将课堂管理作为一种组织手段，具有严肃性，并带有一定的强制性。它要求学生在课堂上要步调一致，听从指导，不得自行其是。这也是使英语课堂教学规范化，培养学生良好的道德行为和学习习惯所必需的。另外，学生毕竟是课堂学习的主体，我们的教学是为学生服务的。我们管理的目的也是让学生乐于学习英语，营造宽松和谐的气氛和环境，是为学生自我驾驭、开发潜能服务的。因此，它不是传统教学中那种凌驾于学生之上的所谓"以教师为中心"的授课模式，而代之以"以学生为中心"的模式。

英语课堂教学管理应该是师生共同参与的，具有强烈的民主性。如果我们在教学计划的制订上、教学内容的选择上、习题有无练习的必要上，都广泛听取学生的意见，彻底打破传统的英语教学管理模式和教师在课堂上一统天下的局面，那么还用担心英语课堂教学管理不科学、英语教学效率不高吗？另外，因为英语是基础工具学科，与其他学科相比，知识序列性差，见效慢，所以特别强调调动学生的非智力因素。教师作为课堂管理的主导者，应该掌握学生的学习心理特征，随时调控课堂教学的进度。

### 四、高校英语课堂教学管理的原则

根据英语教学的目的，结合英语课堂教学管理的实际，我们可以提出以下英语课堂教学管理原则。

①热爱学生。教师要对工作高度负责，热爱每一个学生，随时帮助他们克服学习和生活中的困难，不偏爱，不苛求。尤其对后进生，既要充满信心，又要悉心指导。不急不躁，亲切融洽，形成尊师爱生的良好师生关系。

②严格要求。教师在组织教学活动时，要建立必要的学习制度，提出明确的学习要求，随时对教学管理活动进行调控，尽量使课堂教学规范化。

③管理育人。英语课堂教学管理的措施和要求要有助于学生身心健康，要培养学生高度的责任感和纪律性，提倡互相尊重、互相帮助、互相协作的集体主义精神。

④内外结合。英语课堂教学管理应与课外管理相结合，与学校管理相结合，与社会教育、家庭教育相结合，形成系统管理的网络。

⑤区别对待。教师要了解学生身心发展的共同特点，又要弄清每个学生个体的差异。管理工作讲究因人而异，既要有一般要求，又要有对个别学生的特殊要求。要因势利导，"因材施教"。

⑥以身作则。在英语课堂教学管理中，教师要率先垂范。要求学生做到的，自己也要做到。坚持以理服人，用积极的正面事实和道理以及模范行为教育学生。

⑦创造环境。成功的英语课堂教学管理需要一个良好的学习环境。我们要精心优化教育的客观环境和社会环境，发挥环境对学生潜移默化的作用。

## 第二节　高校英语课堂教学管理的意义

### 一、保证课堂活动顺利进行

课堂管理通过创设良好的课堂环境为课堂活动的顺利进行创造了条件。良好的课堂环境有助于外在控制向内在控制转化，从而帮助学生形成自律心理机制，同时为促进"他人标准"与"自我标准"的统一做准备，在很大程度上避免了矛盾与冲突的产生。这些都为课堂活动的顺利进行提供了有效保证。

## 二、提高英语课堂教学效果

目前，不少英语教师对英语课堂的管理缺乏全面的考量，课堂时间没有被合理利用起来，这就影响了英语教学的整体水平。长期以来，在英语教学的实践过程中，有些教师没有认清英语教学的目的，只看重考试成绩，不在乎学生是否能够灵活运用。教师的这种教学方式使学生对英语产生了抵触情绪甚至是厌烦情绪，导致一些学生放弃英语的学习。所以，完善英语课堂的管理，才能提高英语教学的效率。我们可以从以下几个方面来完善英语课堂的管理。

1. 完善教师对于课堂时间的控制，把握好教学节奏

有经验的教师十分注重对教学节奏的把控，因为良好的教学节奏能够突出教学的重点和难点，合理调控学生的注意力，在轻松愉快的氛围中达成教学目标。反之，混乱的教学节奏就会造成知识点的混乱，学生抓不住学习重点，并对课堂教学感到不满，甚至会影响课堂纪律。

2. 教学结构要安排合理，课堂信息量要适当

课堂信息量的大小直接影响到学生心理的变化，如果信息量过大，学生的心理会受到压迫，产生焦躁的情绪。只有合理安排教学结构，输入适量的信息才能让学生感受到不同的心理节奏，激发学生听课的热情。

3. 优化英语课堂的时间管理，给学生留出更多的学习时间

由于英语教学的特点是注重实用，所以教师应该把学生作为教学的中心，而不是把自己作为教学主体。如果教师在课堂上一直讲，没有给学生留出时间进行吸收和练习，或者滥用多媒体教学手段都是对课堂时间的浪费。太多没用的信息出现在英语课堂教学中就会干扰教学，模糊了重点，降低了教学的有效性。

教学重点安排的不合理也是现在英语教学中的问题，但是很多时候得不到英语教师的重视。教学内容在一节课里分布的时间段对学生的学习效果有很大的影响，教师需要把握住教学的最佳时间段，抓住学生的兴奋点，把重点和难点安排在这个时间段，教学效率就会大大提高。但是，很多教师做不到这一点，主要有以下几个原因：第一，备课太粗糙，课前准备不足，在课堂上进行现场安排，与

学习不相干的事情消耗了过多的时间，学生的学习时间大幅度减少。第二，教师讲课拖沓，最有效的学习时间段过去了还没讲到重点内容。第三，因为课堂纪律等问题过多，影响了学生的学习时间。

调查研究表明，在课堂的50分钟里，学生的第一个兴奋点出现在上课5分钟到20分钟的时候，然后是一个低潮期，在25分钟到40分钟的时候迎来学生的第二个兴奋点，临近下课的这5分钟是学生注意力最容易分散也是学习效果最差的时间段。所以，在教学过程中，教师完全可以充分利用这个规律来安排教学内容，把教学重点和学生兴奋点联系起来，从而提高教学效率。另外，教师必须减少对英语课堂教学时间的浪费，制定科学的有效的纪律制度，帮助学生更快地进入学习状态。还要根据学生学习情况的反馈及时地调整课堂信息量和教学内容的难易程度等，照顾到不同学习水平的学生，使英语课堂教学管理更有效。

综上所述，提高英语课堂教学管理就要以能让学生用英语沟通为目标，把学生作为教学主体，创造良好的语言环境，用幽默风趣的讲课方式和丰富的教学形式勾起学生的兴趣，促使他们主动学习。

## 三、培养学生的英语交际能力

在英语课堂中，教师与学生的互动就本质而言是人与人之间的交际活动。有效的课堂管理有助于促进教师与学生、学生与学生之间的互动，在这个过程中，他们不断运用英语交流信息、传达思想感情，从而有效地培养学生的英语交际能力。

教师与学生的互动所涉及的不仅是表达自己的思想，而且也包括理解别人的思想。可见，表达能力和理解能力都是使用英语进行交际时十分重要的组成部分。

首先，师生互动、生生互动都注重在实际情境中对学生掌握语言知识技能与语言社会功能的培养。师生在互动中不仅要使用正确的语言规律，还要考虑在何时与何人以及如何进行互动。在运用英语时，还要注意学习与理解它的社会功能。在英语课堂中，除重视师生间的互动外，还应强调学生的积极参与，学生要在课堂里频繁地使用英语表达自己的观点。同时这种互动也应注重意义的表达，强调对其他发言者的尊重，这就显示了其更具有实际交际的功能，这些都有助于提高学生的英语交际能力。在真实的社会交际中，无论交际双方使用口语还是书面语，都必须以理解对方意图为前提，这样才能对它做出有效反应。英语课堂的目的是培养学生的交际能力，因此正确理解语言的意义不仅包括字面上的意义，还涉及社会文化或具体情境中的内在含义。需要注意的是，在课堂互动中，除了发言的学生必须要理解别人的意图外,所有的参与者也必须仔细听取他人的发言。这是因为这些发言往往是变化发展的,教师和学生的思想和语言也要做出相应的调整和变化。这种"活"的语言环境有助于提高学生的理解能力,从而为学生交际能力的培养奠定基础。

### 四、为学生的持久发展奠定基础

课堂活动有助于发挥学生的个体价值,因而蕴含着很强的生命活力。只有充满了生命活力的课堂才是真正的课堂,这样才能真正发挥每个学生的价值,促进个体的成长。有效的课堂管理能调动各方面的因素,充分激活课堂的活力,使其生长功能得到有效的发挥,进而使课堂的资源不断再生。有效的课堂管理通过激发课堂活力为课堂得以生长提供了保证,课堂的生长又为学生的持久发展创造了条件。

### 五、促使教师发挥创造性,促进学生自主发展

在英语课堂教学中,教师与学生之间关系的真谛是教师与学生作为课堂教学的主要因素既不是孤立地存在于课堂中,也不是一方以强势压倒另一方,而是相辅相成、相互作用,共同构成统一的整体。因此,有效的课堂教学管理要求英语教师不能按照传统的教学理念与教学方法授课,他们必须不断学习与研究新的教学理论,到实践中调查与了解学生的水平与学习特点,对教学计划策略与评估等问题做出决策,寻求科学的方法进行教学。在这个过程中,教师的创造性得到充分的发挥。同时,学生在课堂互动过程中也不只是被动地接受知识,而是发挥其积极性与主动性,并且能在教师的指导与同学的帮助下得到有效的提高。因此,有效的课堂管理促使教师创造性的发挥与学生的自主发展结合在一起,这也是当代外语课堂具有生命力的关键所在。

## 第三节 英语课堂教学的提问艺术

### 一、英语课堂教学提问的类型

#### (一)展示性提问

展示性提问指的是教师在向学生提问前已经明确了问题的答案的提问方式,即对已知信息的提问。答案具有封闭性和确定性。展示性提问的主要目的是使学

生能够展示他们已有的语言知识，同时也是教师对学生学习情况的一种最直观、最明确的一种检查手段。通常，展示性提问的答案在词法和句法上都相对简单。教师在提问前设计好答案，并通过暗示引导学生运用现有答案来回答。如果学生的回答与教师的预期答案不符合，就会得到教师负面的评价，或者有时教师会继续进行引导式追问，从而使学生的答案符合教师的预期。

### （二）参考性提问

参考性提问指的是教师不能提前设计好答案的提问方式。答案具有开放性和不确定性。学生在思考答案的过程中需要做出解释和判断。教师对学生进行参考性提问是提高学生的语言水平和交际能力的最佳选择，同时也是学生对课堂所学的语言知识进行输出的最佳方式。

我国学者赵晓红提倡教师在课堂上提出参考性问题的次数应该要比展示性问题多。新课程改革要求教师给学生提供更多的机会训练他们的目的语。展示性问题的答案往往比较简单，学生用几个简单的单词、短语或句子就可以回答出来；而学生要回答参考性问题就需要用到相对复杂、高级的句子，这有助于促进语言学习者的思考。因此，参考性问题不仅能增加学生训练目的语的机会，更能体现一名语言教师的教学能力。

教师会根据不同教学阶段的教学目标设置不同的提问类型。在课堂导入阶段，教师会倾向于使用更多的参考性问题，这些参考性问题往往与教学内容和学生的日常生活息息相关，能引起学生的注意力，激发学生的学习兴趣。在新知识呈现和语言练习阶段，教师则会设计较多的展示性问题。这些展示性问题能够帮助学生更好地理解课文，掌握并运用语言知识。最后的课堂讨论阶段，大多数教师会通过向学生提出参考性问题来促进学生进行深度思考，鼓励学生畅所欲言。

## 二、英语课堂教学提问的技巧

为了成功有效地完成特定的教学目标，教师会根据课堂氛围、学生心理、知识建构的不同和所授内容的不同而采取不同的教学技巧。在课堂教学过程中，教师的有效提问可以促进学生目的语的输入。为了顺利地完成教学任务，教师会使用提问的策略。在英语课堂教学中，如果教师的提问对学生来说较难，那么教师选择使用提问策略的概率较大；但是如果教师的提问对学生来说不难回答，那么教师可能不会设置提问策略。课堂语言应该像"可理解性输入"一样简单易懂，学生才能积极地参与到课堂活动中来，这样教师的教学任务才能顺利完成。提问技巧在教师提问中占有非常重要的地位，恰当使用提问技巧可以使学生明白难懂的问题。提问技巧通常有以下几种。

### （一）自我解释的提问

课堂上，教师通常会在学生回答提出的问题之前，使用自我解释策略向学生解释问题。教师使用自我解释的提问策略可以让学生对问题更加清楚明了，扫除学生理解问题的障碍。

### （二）促发提问

促发策略指的是教师通过暗示引导学生回答问题，解决问题，或者纠正原本错误的答案的一种提问策略。当学生回答不出问题或者答案不正确的时候，教师会采用促发策略对学生继续发问，或者做出评论引导学生的答案，抑或引导学生做出正确的回答。促发策略通常发生在以下三种情况：①学生给出"我不知道"的答复；②力度不够的答复；③不完整或者不正确的答复。外国学者爱根和卡库查卡认为，促发策略是指在学生回答不出问题或是答案不完整或不正确的时候，教师引导学生做出回答的一种提问策略。教师会在学生反应过后，换一种方式表述问题，让学生更容易理解。如果教师提出的问题已经清晰明了，那么应该给学生提供一些有助于他们组织答案的暗示。

促发策略可以用于学生对问题没有做出反应的情况下，逐步引导学生发现正确的答案。在师生互动的过程中，教师通常会向学生提供一些暗示或线索。根据美国马里兰大学的迈克尔·龙教授提出的互动假说理论，这些暗示或线索可以让学生更容易回答问题，从而有更多的机会对目的语进行输出，最终享受成功的喜悦。

### （三）目的性提问

教室在高校英语课堂教学中进行提问时，应当注重提问的目的性，而教学中提问的目的是进一步对课堂的进程进行引导，并且将教学目标贯穿于实际的教学活动中，通过提问的方式凸显出教学重点和难点。这就要求高校教师在教学时应当对英语课堂有较强的把控力，了解课堂教学的进程以及教学目标，在进行提问时应当具有较强的目的性和针对性，通过这种方式对学生进行积极引导，可以使学生融入课堂教学中，提高学生的学习积极性，使学生能够跟随教师的思路不断思考，以获得最优化教学效果。

## （四）由浅入深提问

在进行课堂提问时，教师应当清楚地了解问题的难度。而在进行课前问题设置时，应当循序渐进并由浅入深，不可在提问过程中反复穿插或平铺直叙，这样不仅会导致教学过程中提出的问题难度较大而影响教学效果，还会影响学生的学习积极性。学生如果在回答问题时无法思考出正确答案，就会导致课堂氛围低沉。所以，教师在进行问题设置时应当了解问题的难度，通过对学生的水平进行分析，使学生在不断回答问题的过程中建立起良好的学习信心，提高学生的学习成就感。通过这种方式，学生能够从不同层次对问题进行思考，并切身感受到成功，同时也能提高教学效率。

## （五）启发性提问

在进行课堂教学问题设置时，教师应当注重问题的启发性，其主要目的是启发学生的思维，使学生在回答问题的过程中与教师产生共鸣，最终提高学生课堂学习的积极性。同时，教师在进行课堂提问时应当保证一定的趣味性，这样才能与启发思维相结合。如果问题设置较为单一并且过于系统化和学术化，就会削弱学生的学习积极性。教师在进行课堂提问时应当注重课堂的趣味性，尽可能使课堂氛围保持活跃，这样能够获得较好的课堂效果。

## （六）探究性提问

俄罗斯语言学家雅各布森等人认为，"虽然学生有时候的回答是正确的，但因为思考的深度不够从而使得答案不够完整。在这种情况下，对于教师来说至关重要的是给学生提供一些补充的信息来得到更加完善的回答"。这种策略就叫探究策略。

有时学生的回答很可能比较浅显，所以探究策略是非常重要的提问策略。教师通过利用探究策略，可以让学生有一个深度的思考，挖掘并探究事物的本质规律。探究通常建立在学生原始的答案之上，目的在于更深层次地挖掘学生对问题的理解，并促进目的语的输出。

## （七）重复提问

同一个问题在不同的个体身上会产生"仁者见仁，智者见智"的答案。重复提问是指向不同的学生提出同一个问题。教师通过采取重复提问策略，可以从不同学生身上获得不同的答案，给学生提供了更多各抒己见的机会，同时也增加了学生参与课堂活动的次数。教师说的时间少了，留给学生表达的时间就多了。正如雅各布森等人所说,"重复提问策略包含一个没有标准答案的问题和不同学生的不同答案"。还有外国学者认为当第一个学生没有回答出问题的时候,教师会采用重复提问策略对下一个学生进行提问。

教师通常在期望学生对一个问题有不同的诠释或举例的情况下使用重复提问策略。在所有提问策略中,重复提问策略使用比例最大。

有效的课堂提问策略是优质课堂的重要保证。有效的提问策略能激发学生的学习动机,启发学生的思维,同时还能培养学生的参与能力。教师不能一味地使用一种策略,要根据提问的目的设置不同的提问策略,并根据实际的教学情况做出适当的调整。比如,如果教师一直使用重复提问的技巧,学生会感到乏味,就得不到好的教学效果。

## 三、英语课堂教学提问的尺度

### (一)关注学生的心理状态与学习意愿

在教学过程中,教师不仅应当充当学生知识的传授者,还应当成为学生心理特点和心理状态的引导者。由于学生的内心活动以及学习态度会直接对学生的学习质量造成影响,所以教师应努力维持学生在回答教师提问时的积极性。一方面,教师应当建立轻松愉快的课堂氛围,通过这种方式来提高学生的学习积极性,改善课堂氛围;另一方面,教师又不可让课堂气氛过于活跃,这样能够避免学生在课堂中态度异常活跃,导致无法正常学习。由于大学生活比高中和初中更为自由,所以大多数学生在课余时间往往容易放纵自己,在这种状况下,教师应当督促学生在课后进行英语学习,并且在课堂上也应当与学生进行积极交流,如果课程允许还可以通过播放英语电影的方式来对学生进行口语教育。而在观看完英语电影后,教师也可以要求学生撰写观后感,或利用回答相关电影类问题的方式来进行课堂教育,这样有助于改善学生的学习态度,进而使学生学习的积极性得到提高。

### (二)激发学生的学习兴趣

为了保证在教师提出问题时,学生能够积极地跟随教师的思维并快速回答,学生就要在课堂教学过程中高度集中注意力,并且不断保持探索精神,对教师提出的问题进行快速处理。对于现代高校英语课堂教学来说,提问是英语课堂教学的一项基本形式,这也为师生交流提供了相应的机会。而学生在探索过程中也可以通过学习英语的方式获得成就感,拉近与教师之间的距离,这样有助于提高学生的英语学习兴趣。但值得注意的是，由于近年来现代社会的不断发展，学生能够直接通过手机或网络获取信息，这样大大加快了学生与社会的交流量。所以，采用传统的提问模式和教学模式，已经无法满足高校的教学需求。在这种状况下，教师应当与时俱进，例如在进行相关课程教学时，可以组织学生观看相关经典电影，例如《肖申克的救赎》《罗马假日》等。由于这些电影较为经典，具有较大的粉丝群体，大多数学生都会对学习内容产生兴趣。教师可以要求学生在观看完《罗马假日》后，每人写出关于电影或奥黛丽·赫本的点评，这样能够通过独特的艺术提问方式引起学生的重视，继而提高学生的内在学习兴趣，也能体现出教师提问的艺术性。

（三）把握问题坡度

由于每个学生的个性及学习基础都存在差异，所以教师设计的课堂教学问题要有一定的坡度，这样一来，才能做到因人而异，才能调动学生学习的积极性，让不同的学生都能完成相应的任务，逐渐突破难点，领悟到课堂的重点。作为教师，我们要鼓励学生上课多开口，可以与学生约定：上课不要用简单的一个单词和一句话来回答教师的问题或者谈论某个话题，要用尽可能详细的话语来回答，用一种积极的心态去面对课堂。在英语课堂上，教师和学生的对话、学生和学生的对话，或者某个学生的发言，其他人必须认真听，听完后必须根据别人的谈话进行提问、复述和应用。教师可以让学生上课时认真听别人发言，使他开口有可说之事，让他获得知识输入后又进行输出，让学生尽量多开口。还有更重要的一点就是，教师上课时要尽量少说一点儿，把时间留给学生，学生就可以多说一点儿。

在英语教学过程中，教师的问题设计有一定的坡度，不同基础的学生都会表现出积极的状态，都会勇敢主动地发言，从而提高了英语课堂提问的有效性。在进行课堂问题设置时，问题自身不仅应当表现出学生需要掌握的所有知识点，更需要具有一定的发散性，学生在回答问题时能够通过对问题的多角度分析而进行深层次的挖掘。每一个问题在设置时都需要紧紧围绕教材并把握其中的重点与难点，积极锻炼学生的逻辑思维，突出学生在教学过程中的主体地位，这样不仅能够满足教学要求，而且顺应了新课程改革的要求。而高校英语课堂教学的问题设置要有艺术性，就应当保证一切课堂活动都应当围绕学生开展，通过不同的方式因材施教，在课堂内不断进行交流与练习，这样能够促进现代学生的交流意识和语言应用意识，进而促进学生的个性化发展。

在进行高校英语课堂教学时，教师应当根据每个学生的不同状况，并结合实际教学内容对问题进行设计，激发学生探索知识的欲望，从而达到改善教学质量的目的，进一步提高学生的英语知识应用水平。

## 四、优化课堂提问方式

教师提问的方式多种多样，根据不同的教学目标，课堂提问有不同的方式。基于提问目的，英国高等教育思想家纽曼将提问方式分为以下四种类别：①指定回答，即仅向一名学生进行提问。②齐声回答，即向全班同学进行提问。③自愿回答。通常一些开放式的问题或一些强调学生的语言表达能力和独立思考能力的问题可以让学生自愿回答。④教师自问自答。当一些问题学生回答不出来或是答案不够完善的时候，教师使用自我解释的方式帮助学生回答问题或完善问题。教师应该有这样一种意识，那就是什么时候应该向全班提问，什么时候应该指定学生回答问题。不同的提问方式会导致学生产生不同的答案。

如果课堂气氛很活跃，那么绝大多数学生都能积极地参与到课堂活动中去，踊跃地举手回答问题。为了鼓励更多的学生积极举手发言，教师会根据学生语言能力的不同设置不同的提问方式。当教师选择设置全班回答的提问方式时，问题的答案通常较容易从教学内容或背景知识中找到。另外，设置全班回答的最佳提问类型通常是展示性问题。在英语课堂教学实践中，教师需要充分利用不同的提问方式来保证课堂教学的有序进行，给学生足够的机会锻炼目的语的输出，表达自己的观点和看法，体现"以学生为中心"的教育理念。我们可以采用以下两种方式，来优化课堂提问方式。

### （一）采用多种方式，让学生乐于说

在课堂上，教师的提问也可以设计得多样化一些，这样才能使学生活跃在教师设计的问题中，提高教学质量。比如：教师可以提问和学生生活有关或者他们比较关注的一些话题，这样不但有助于吸引他们的注意力，还有助于教师管理好课堂。在课堂提问中，教师还应该注意观察学生，比如一些问题提出后大多数学生面有难色，这时教师就要针对他们的具体情况给予提示或解释，让学生感觉到没有压力，保持良好的学习情绪，才能成功解决问题。

### （二）启发学生思维，让学生争着说

有些教师在课堂教学中，通常也对学生进行一系列的提问。但是，有些问题不需要多加思考学生就可以回答，这样的设计让学生觉得枯燥无味，无法启发学

生的思维，教师就无法取得良好的教学成果。所以巧妙设置问题，学生的积极性才会提高，才会争着去回答问题。所以教师的提问要讲求实效，适当提一些能启发学生思维的问题，让学生都参与到课堂中来。教师可以根据学生自身的条件，提出一些学生感兴趣的问题，要让学生一听到问题就能争先恐后地发表他们的看法，这样才能取得良好的教学效果。

总之，课堂提问在英语教学中起着非常重要的作用，它是英语课堂教学"乐曲"中必不可少的"引子"。教师要先分析学生心理，了解他们的需求，设计出积极有效的问题，真正把握住课堂提问艺术，就能收到事半功倍的效果。作为一名教师，我们应该好好学习这门艺术，让提问之花在课堂绽放，以促进学生思维的发展，最终提高英语教学的质量。

## 第四节　英语课堂教学的启发艺术

### 一、启发教学及其功能

#### （一）启发教学

启发教学的关键在于"启"和"发"二字，即启迪思维，激发内因。启发教学模式是改变以前"以教师为中心"的教学方式，给学生充分的时间和空间，建立一种能培养学生独立开展创造性语言交际环境的课堂教学形式。启发教学，在教育目标上强调在传授知识的同时重视运用能力的培养以及非智力因素的发展；在教与学的关系上，采取"以学生为中心"的原则；在教学方法上，着重于充分调动学生学习的主观能动性，培养学生的英语综合应用能力。启发教学是根据学生本来水平、兴趣等实际情况，科学而生动地阐明事理，启发、引导学生乐于学习，勇于、善于探索的教学方法。

能给学生留下最持久印象的教师应当能够唤起学生新的理智兴趣，把自己对知识的热情传导给学生，使学生有探究的渴望，找到学习的动力。启发教学法是教师在教学过程中依据学生获得和掌握知识与技能所需要的思维过程的客观规律，引导学生主动、积极地掌握知识的教学方法。在实际教学中，可采用下列多种方式对学生进行启发：兴趣启发——以调动学生的兴趣来激发学生学习的积极性；问题启发——以教师提问为特征，激发学生积极思维，产生思维互动；类比启发——以同类或相类似的事物启发学生加以类比，加深学生的理解和记忆；推理启发——根据教材中富有启发性的逻辑因素，借助推理的方法，由已知推向未知；提示启发——教师明确地强调问题的实质或准确显示问题的突出特征，引导学生正确进行思考；示范启发——以教师规范化示范来启发学生掌握某一技能，引导学生分析问题，解决问题；图示启发——以直观生动的形象用线段、图片或各种符号来勾画展现知识点；假设启发——以虚构的事例来说明某一观点是错误的，从而启发学生理解并接受正确观点。

教师在课堂中要充分考虑到学生主动发展的需要，积极采用启发教学法，调动学生参加学习活动的积极性，设计弹性化的、有一定思维深度的课堂问题，教给学生分析问题、解决问题的思路，启发学生积极思考，提高他们的思维能力。

### （二）启发教学的功能

启发教学是一种教学思想和总的教学方法，一旦被正确地用到教学实践中，就会显示出巨大的功能，主要表现为以下三个方面。

①激发功能，即能够有效地激发学生的学习动机，促使学生积极、主动、自觉地学习。

②引导功能，即能够引导学生积极思维，并帮助学生掌握科学的思维方式和方法。

③发展功能，即能发展学生的智力，培养学生的能力，造就创造型人才。

## 二、英语课堂教学的启发艺术

### （一）激情术

课堂教学不仅有师生之间知识信息的传递，更有师生之间情感的交流。现代心理学研究表明：明朗的、乐观的心情有助于思泉喷涌，而郁郁寡欢的苦闷心情则会抑制人的思维。因而，教师在课堂教学中要像音乐指挥那样激起学生的情绪，使之思维活跃，注意力集中，从而为进一步启发奠定良好的基础。课堂上激情启发的方法有很多，比如：放录像、录音或生动讲述，使学生仿佛身临其境，产生情感上的共鸣，从而情不自禁地去思维、去探索；找一件能引起学生丰富想象的物品，使学生睹物生情；利用多媒体教学来激发学生对英语学习的兴趣。从生理学上来说，教师的自信、兴奋、惊奇、赞叹对学生大脑两半球神经细胞的活动起很大的作用。因而教师在课堂上要饱含感情，并通过自己健康向上的感情去感染学生，使他们从中受到鼓舞和鞭策，调动起积极思维，体验到成功的喜悦。

## （二）欲擒故纵术

"擒"即"取"，是指良好的学习状态和课堂效果之"取"；"纵"即"予"，是指学习主动权和思考机会的给予。在教学中能否取得良好的课堂效果，主要取决于教师的主导作用发挥得是否正确。采用启发式教学有助于改变沉闷的封闭式的课堂教学氛围，以学生为主体，充分调动学生的主动性和积极性，以教促学、以教导学、以教助学，使教服务于学。因此在课堂上教师不再是单纯扮演讲授者的角色。在介绍新授内容时，教师应是讲解员、示范者，教师生动的表演可以营造轻松、愉快、活泼的气氛，消除学生的心理障碍，使他们思维活跃，处于最佳学习状态。在进行语言操练时，教师既是引导者又是指挥者，在教师巧妙的指挥下，学生的思维完全处于开放的、有序的状态之中。在进行各种形式的交际练习时，教师应充当监督者，检查练习情况或发现问题，给予辅导。在复习和巩固阶段，教师又是学生学习的好帮手。对学生的点滴进步要满怀热情地给予表扬和鼓励，对他们的困难和问题要耐心分析并加以辅导，逐步解决。凡是学生通过独立思考能自己解决的问题要引导他们独自解决。教师的答疑不应是让学生知道结论而不再提问，而应该多提出问题，让他们的思维更加活跃，向更深的知识层次开拓。

## （三）设疑术

现代美学家认为，"和谐"作为唯一的标准是不够的，只有和谐与奇异相结合才是一条完备的美学原理。我国古代思想家老子说过："曲则全，枉则直，洼则盈，敝则新。"意思就是说奇异能给人以美的享受。因此，教师如果只做平淡无奇的讲述，即使其内容无懈可击，也很难在学生思维的溪流中激起浪花。恰当地设疑问难，可以给抽象的语言概念增添催化剂，唤起学生的无意注意和有意注意，强化学生大脑中的暂时神经联系，使记忆式学习与发现式学习珠联璧合，相得益彰，把课堂变成一种引起学生极大兴趣的向知识领域积极探索的活动。在讲练中，教师可以故意设置"陷阱"，让学生进入"死胡同"，然后又巧妙地将其从困境中解救出来，使学生先屏息静思，尔后突然顿悟，以产生"余音绕梁，三日不绝"的教学效果。

## （四）延时评价术

延时评价术指以存疑的方式延缓对学生思路与言路的评价，鼓励其进行独立思考，并发挥创造精神。对于课堂教学中没给出明确答案的问题，教师不要轻易下结论，以免挫伤学生的积极性。最好引导学生进行讨论，即使是一个没有结论的讨论，也有利于思维的深化、兴趣的提高。不难想象，这种思维的火花一经点燃，那烈焰必然延伸到课堂时间之外。

### （五）暗示术

在课堂教学中，当学生的思维出现故障时，教师可以通过语言、手势、表情等给学生以暗示，或接通学生的思路，让他们顺利地解决某一问题或提醒学生思维中出现的某些偏差，让他们迅速回到正确的思路上来。如教师在处理课文时可把课文中的重点、难点以及一些关键词按段落在黑板上进行板书，之后让学生复述课文时，如学生遇到困难教师就可以用板书来暗示内容，帮助学生完成复述。

### （六）创境术

教师在教学中可以创设一定的情境，让学生在特定的情感氛围中学习，有利于激发学生的学习兴趣，调动学生学习的积极性，让学生掌握在这一语言环境中所运用的句子。这种方式可以激发学生的积极思维和参与有意义的语言实践的积极性。

### （七）寻思术

如果说设疑启发重在"疑"，即通过新旧知识的矛盾、了解问题与分析问题、解决问题之间的悬念来启发学生学习兴趣。那么，寻思启发则重在"思"，即通过引导学生如何解决问题来启发学生。

### （八）研讨术

研讨术指教师将启发贯穿于讲练活动中，循循善诱，步步启发，调动全体学生的思维共同进行研究。其过程一般是讨论、分析、解决问题或提出问题后组织学生自己分组讨论，利用集体的智慧来解决问题。这一方法在理解课文和处理难点问题上较为常用且效果明显，在培养学生的创造性思维方面十分有效。

### （九）故谬术

故谬术（故谬法），按字面意思可以理解为故意出错，如教师在讲授知识的重点、关键处时，故意出现错误，吸引学生的注意力，启发学生思维。其好处是能引起学生高度注意，启发他们积极思维，以探究正确答案，而且记忆牢固。但此法不可多用，因为多用容易导致学生思维混乱。

## （十）点拨术

点拨术是指在学生因思维受阻引起认知过程中断时给予指点、启发。与暗示启发不同：暗示启发，教师只做暗示，不明确说出答案；而点拨启发，教师应把某些话说在明处。当然这些话只能说在关键处，否则就谈不上"点拨"了。

## （十一）对比术

对比术是指通过强烈、鲜明的对比给学生留下深刻的印象，以此帮助学生加深理解和记忆。这种方法一般用来帮助学生区别那些似是而非，看起来差不多但实际上有较大区别、容易混淆的词、词组或语法概念等。

# 参考文献

[1] 崇斌，田忠山. 新时期大学英语教学研究 [M]. 成都：电子科技大学出版社，2017.

[2] 邓婧. 英语教学与文化融合 [M]. 长春：吉林美术出版社，2017.

[3] 蔡晓琳. 英语教学与文化贯通研究 [M]. 长春：吉林文史出版社，2017.

[4] 张美玲. 中西文化认同与外语教学范式研究 [M]. 长春：吉林大学出版社，2017.

[5] 朱雪艳. 文化意识与英语教学 [M]. 上海：上海交通大学出版社，2017.

[6] 张亚锋，刘思佳，万镭. 专门用途（ESP）英语教学的探索研究 [M]. 西安：西北工业大学出版社，2019.

[7] 刘梅，彭慧，仝丹. 多元文化理念与英语教学研究 [M]. 延吉：延边大学出版社，2018.

[8] 杨公建. 英语教学与第二语言学习 [M]. 长春：吉林人民出版社，2019.

[9] 赵晓峰. 信息技术环境下的英语教学研究 [M]. 天津：天津科学技术出版社，2019.

[10] 杨静. 现代语言学流派与英语教学探究 [M]. 北京：中国商业出版社，2019.

[11] 胡敏捷. PI 理论与大学英语教学方法探索 [M]. 北京：中国纺织出版社，2019.

[12] 杨雪静. 高校英语教学模式创新研究 [M]. 长春：吉林人民出版社，2020.

[13] 张献. 大学英语教学理论及实践应用 [M]. 武汉：中国地质大学出版社，2020.

[14] 赵常花. 媒体融合视角下的大学英语教学理论与实践研究 [M]. 北京：企业管理出版社，2020.

[15] 郭鸿雁，周震．新时代外语教学改革：理论与实践探索[M]．银川：宁夏人民教育出版社，2020．

[16] 刘燕．文化与大学英语教学[M]．北京：科学技术文献出版社，2020．

[17] 王艺璇，曹晓晨．信息化背景下大学英语教学改革的问题与策略[J]．黑龙江工程学院学报，2020，34（5）：69-72．

[18] 郭妍．产出导向法下的大学英语课堂教学的实践研究[J]．农家参谋，2020（22）：245-246．

[19] 孙晓梅．新文科背景下大学英语课堂教学改革研究[J]．现代英语，2020（20）：34-36．

[20] 谢芳．大学英语课堂教学改革的问题与对策[J]．校园英语，2020（40）：73-74．

[21] 杨海妮．基于信息技术与外语教学深度融合的大学英语课堂教学改革实践[J]．陕西教育（高教），2020（9）：38-39．

[22] 韦唯．基于雨课堂的大学英语教学改革实践和反思[J]．佳木斯职业学院学报，2020，36（5）：176-177．

[23] 张天然．翻转课堂在大学英语教学中的运用研究[J]．海外英语，2020（4）：193．

[24] 徐婧．移动课堂视角下高校英语教学模式改革研究[J]．长江丛刊，2020（10）：79-80．